★ 10가지 물건 속 세계사 ★

편의점 톱 10
TOP 10

◆ 이은정 글 | 강영지 그림 ◆

주니어김영사

작가의 말

저는 아이들에게 역사를 가르치고 있답니다. 그런데 수업을 하다 보면 중간에 한 번씩 쉬어 줘야 해요. 머리를 많이 써서 출출하거나 군것질이 하고 싶다는 친구들이 있거든요. 이때 아이들이 꺼내는 간식을 보면 빵, 과자, 음료수, 삼각 김밥, 샌드위치 등 다양하답니다. 어디서 샀냐고 물으면 대부분 편의점에서 사 왔다고 하더라고요. 어느 날, 한 친구가 "편의점에도 역사가 있나요?"라는 질문을 했어요.

질문을 받은 순간 제 머릿속이 환해졌어요. '이거다!'라는 생각이 들었거든요. 누구나 한 번쯤은 들러 봤을 편의점, 편의점에 있는 물건들은 우리에게 필요한 것들인데 이들에게도 역사와 유래가 있을 거라 생각했답니다.

　바로 이 책에 담긴 열 개의 물건도 그렇답니다. 각 물건마다 세계를 움직인 굵직굵직한 사건들이 담겨 있어요. 도시락을 보면 대만 진과스의 금광이 생각날 테고, 우유를 보면 달항아리가 떠오를 거예요. 또 아이스크림을 보면 군함을 떠올리게 될지도 몰라요.

　친구들은 열 가지 물건의 역사 중 어느 것이 가장 기억에 남는지 매우 궁금하네요.

　이 책 속 《편의점 톱 10》을 꾸리기 위해 몇 달 동안 편의점에 발이 닳도록 들락거린 민지와 민영이에게 고마운 마음을 전합니다.

2023년 4월
이은정

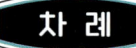

차례

작가의 말 • 2   편의점에 들어가며 • 6

1장 얼음 · · · 8
백성의 눈물과 고통이 섞인 얼음 • 9
인류 최대의 발명품, 얼음 • 14
얼음으로 시작된 편의점 • 18

2장 컵라면 · · · 22
라면 시장의 불황을 이겨 낸 컵라면 • 23
혼·분식 장려 정책으로 성장한 우리나라 라면 • 27
면발과 포장 용기의 기술 • 32

3장 삼각 김밥 · · · 36
전투 식량에서 편의점 대표 음식까지 • 37
남편을 위해 만든 충무김밥, '국풍 81'로 인기를 끌다 • 42
김밥과 캘리포니아롤의 공통점 • 46

4장 도시락 · · · 50
진과스 황금 박물관의 명물, 광부 도시락 • 51
뭄바이의 역사와 함께 한 도시락 배달원 '다바왈라' • 56
세계는 지금 도시락 천국 • 60

5장 우유 · · · 64
산업 혁명과 우유 • 65
한국인의 입맛을 사로잡은 바나나 맛 우유 • 69
식탁에 부는 치즈 바람 • 73

6장 아이스크림 ···78
왕족들의 사치품이었던 아이스크림 • 79
해군의 사기를 높인 아이스크림 • 83
차가운 음료에서 출발한 아이스크림 • 88

7장 마스크 ···92
스펀지와 동물의 방광으로 만든 마스크 • 93
흑사병이 만든 부리 마스크 • 96
스페인 독감과 코로나바이러스감염증-19 • 100

8장 생리대 ···104
전쟁으로 피어난 일회용 생리대 • 105
케냐가 쏘아 올린 작은 공 • 109
생리대가 위험하다! • 112

9장 생수 ···116
깨끗한 물을 찾아 나선 로마 • 117
우물의 오염으로 시작된 수돗물 • 121
생수 전쟁이 일어났다! • 125

10장 우산 ···128
조선을 흔든 별난 우산 이야기 • 129
민주화의 열망을 우산에 담은 홍콩 사람들 • 133
우산이 변했어요 • 139

편의점을 나가며 • 144

> 편의점에 들어가며

편의점 속 물건에는
어떤 이야기가 담겨 있을까?

"어서 오세요!"

어린아이부터 백발의 노인까지, 나이도 하는 일도 사는 곳도 다른 사람들이 제 각각의 이유로 찾는 곳이 있어. 아주 작은 공간이지만 크고 다양한 세상이 펼쳐지는 곳, 바로 편의점이야. 이곳은 나의 일터이기도 해.

바나나 맛 우유를 집어 들고 의기양양하게 지폐와 동전을 카운터에 올려 놓는 아이부터, 쏟아지는 땀을 연신 닦으며 냉장고를 열고 시원한 생수 두 병을 꺼내 온 택배 기사님. 뭐가 그렇게 즐거운지 쉬지 않고 웃음을 터트리며 삼각 김밥과 컵라면을 고르는 교복 입은 학생들, 뭘 놓고 나왔는지

허겁지겁 편의점 문을 열고 들어서는 출근하는 직장인, 더운 여름 밤에 황급히 얼음을 사러 온 아주머니까지. 나는 이곳에서 하루에도 수없이 많은 사람과 물건을 만나.

 얼음을 사는 사람들이 부쩍 늘어나는 걸 보니 곧 더위가 시작될 모양이야. 지금 내 앞에 컵 얼음을 들고 온 학생도 얼마 전부터 하굣길에 매일 컵 얼음을 한 개씩 사가고 있어. 음료수를 부어 시원하게 마시려는 것 같아.

"컵 얼음 한 개, 900원입니다."

 이 학생은 얼음에 얼마나 많은 이야기가 담겨 있는지 알고 있을까? 지금부터 나와 함께 그 이야기 속으로 들어가 보지 않겠니?

얼음

6월에서 7월 사이 편의점에서 가장 잘 팔리는 상품 중 하나는 단연 얼음이야.
그런데 사람들이 잘 모르는 것이 있어. 이렇게 사람들에게 편리함을 안겨 준 편의점이 얼음 때문에 생겨났다고 해도 과언이 아니라는 거야.

백성의 눈물과 고통이 섞인 얼음

냉장고가 없던 옛날에는 식재료의 신선도를 유지하기 위해 얼음이 필요했어. 지금은 누구나 얼음을 쉽게 구할 수 있지만, 옛날에는 왕실이나 높은 관직에 있던 사람들만 구할 수 있었단다.

우리나라가 얼음을 사용한 건 삼국 시대부터였다고 해. 《삼국유사》에 신라 유리왕 때 장빙고를 만들었다는 기록이 있거든. 《삼국사기》에는 지증왕이 얼음을 저장해 사용했다는 내용도 있어. 겨울에 얼음을 채취해 빙고에 보관했는데, 이때 얼음을 채취하는 이들을 '장빙군'이라 불렀지.

장빙군은 겨울 동안 언 강이나 하천에서 얼음을 잘라 냈어. 이것을 '벌빙'이라고 해. 벌빙한 얼음은 '석빙고'에 보관했지.

그런데 벌빙 시기가 다가오면 강 주변에 살던 백성들이 도망가는 일이 잦았어. 왜냐고? 강 주변에 사는 백성들은 장빙군의 대상이 되었는데, 벌빙은 백성들이 제일 두려워하는 부역이었거든. 그 시절에는 지금처럼 따뜻한 옷이 없었으니 얼마나 추웠겠니? 심지어 무명옷 한 장을 겨우 걸치고 맨발에 짚신만 신은 사람도 있었다고 해.

장빙군들은 매서운 강바람과 추위에 맞서 얼음을 잘라야 했지. 장갑도 없던 때라 손에 헝겊을 감아 추위를 막아야 했어. 손과 발은 동상을 입어 붓기 일쑤였지. 안전 장치가 변변치 않다 보니 얼음에서 미끄러져 다치거나 물에 빠져 죽는 경우도 있었어.

국가적으로 이런 장빙군들의 고통을 위로하기 위한 노력도 있었단다.

《조선왕조실록》을 보면 세종 대왕이 술과 생선을 장빙군에게 내리고, 얼음 채굴 장소 주위에 의원을 배치했다는 기록이 있지.

하지만 이런 위로로는 장빙군들의 고통을 달랠 수 없었어. 손가락이 떨어질 듯한 추위 속에 10센티미터가 넘는 두께의 얼음을 잘라 석빙고로 운반하는 것 자체가 고된 노동이었으니 말이야. 상황이 이렇다 보니 벌빙 중이던 장빙군들이 도망가고 심지어 장빙군으로 뽑히기도 전에 도망가기도 했어. 그래서 생긴 말이 '빙고청상(氷庫靑孀)'이야. 벌빙을 피해 겨울에 도망갔던 장빙군이 봄이 되어야 돌아온다는 말이지.

얼음 창고인 빙고를 만드는 일 또한 백성들의 몫이었어. 빙고에 서까래와 짚을 깔다 불이 나기도 했어. 그래서 빙고를 돌로 만들었다고 해. 이렇게 백성들의 피와 땀이 서린 얼음을 임금과 고위 관료들은 권력 유지 수단으로 사용하기도 했어.

고려 시대의 기록이 담긴 《고려사절요》에 따르면 6월부터 입추(8월 8~9일경)까지 은퇴한 고위 관리에게 3일에 한 번, 다른 관리들에게는 7일에 한 번씩 얼음을 나눠 주었다고 해. 귀족들은 임금으로부터 하사받은 얼음으로 과일 화채를 만들어 먹거나 얼음에 비단옷을 입혀 죽부인처럼 껴안고 자기도 했어. 심지어 얼음으로 병풍을 만들어 방 안의 더운 공기를 식히기도 했지.

선조 임금 때는 빙고에 있던 얼음을 도둑맞아 여름도 다 지나지 않았는데 창고가 비어 간다는 사간원의 관원 류덕수의 보고가 있었어. 임금에게 하사받거나 돈이 많은 귀족들 아니면 얼음은 구경도 못 하니 얼음을 훔치는 도적떼까지 생긴 거지. 그런데 말이야, 이 귀한 얼음으로 사치를 부린 사람이 있었어. 성종의 아들로 임금이 됐으나 중종반정으로 폐위된 연산군이 바로 그 주인공이야.

 연산군은 정치를 소홀히 하고 매일 잔치를 열었어. 대비의 생일을 기념하는 잔치가 6월에 있었는데, 이때 이미 궁궐 내빙고에 보관 중이던 얼음이 동날 지경이었다고 해. 경복궁의 경회루 사방에 무게가 천 근이나 되는 구리 쟁반을 설치하고 그 위에 얼음을 가득 올렸거든. 얼음이 녹으면서 주변이 시원해지는 효과를 얻기 위함이었지. 또 얼음으로 만든 쟁반

에 음식을 올리고 술에도 얼음을 부숴 넣었다고 해.

 이렇게 얼음은 일반 백성들이 넘볼 수 없을 만큼 귀한 것이었지. 얼음 속에 권력을 쥐고 있는 자들의 욕심과 잘못된 행동으로 고통받았던 백성의 아픔이 담겨 있다는 사실이 정말 놀랍지 않니?

인류 최대의 발명품, 얼음

얼음은 오랜 옛날부터 동서양 모두 왕이나 귀족만이 가질 수 있는 귀한 것이었어. 앞서 말한 대로 지금처럼 냉장고나 제빙기가 없던 시절에는 추운 겨울에 강에서 얼음을 채취했지. 고대 그리스와 로마, 페르시아 등 세계 여러 나라에서 겨울에 채취한 얼음을 땅 속 깊은 곳이나 동굴에 보관했다는 기록이 꽤 많아.

기원전 400년 전에 만들어진 페르시아의 '야크찰'은 세계적으로 유명한 얼음 구덩이야. 얼음을 뜻하는 '야크'와 그릇을 뜻하는 '찰'이 합쳐진 야크찰은 겨울에 채굴한 얼음을 1년 내내 저장할 수 있는 보관 창고였어. 페르시아 사막의 뜨거운 열기도 이곳의 얼음을 녹이지 못했다고 해.

전 세계적으로 얼음을 오래 보관하기 위해 많은 연구를 했어. 힘들게 채취한 얼음이 녹아 버리면 여름에 사용할 얼음이 적어지기 때문이지. 그런데 9세기경, 아주 획기적인 사건이 생겼어. 중국에서 화약의 원료인

초석을 물에 넣으면 물 주변의 열을 빼앗아 물이 차가워지거나 어는 걸 발견한 거야. 심지어 마르코폴로가 쓴 《동방견문록》에는 '동방의 황금국(원나라) 주민들은 우유 얼음 먹는 것을 좋아한다.'는 기록과 함께 그 제조법이 담겨 있었다고 해. 이미 중국에서는 단순히 물을 얼리는 것이 아니라 우유까지 얼려서 먹었던 거지.

하지만 여전히 대부분의 얼음은 겨울에 강에서 채취해서 1년 동안 사용했어. 이렇게 겨울에 얼음을 채취해 1년 동안 사용하던 시스템은 18세기 영국을 중심으로 일어난 산업 혁명 이후 문제가 됐어. 산업 혁명이 일어나며 증기 기관으로 대량 생산이 가능하게 되면서 사람이 하던 일을 기계가 대신하는 시대가 열렸거든. 이런 변화는 영국에서 유럽 전역으로 퍼져 나갔어. 공장의 기계화로 짧은 시간에 많은 물건이 쏟아져 나왔고, 소비자들은 저렴한 값에 물건을 구입할 수 있게 됐지.

그런데 이 산업 혁명의 영향으로 도시에 사람들이 몰리면서 식재료 보관법이 골칫거리가 되기 시작했어. 당시에는 식재료의 보존 기간을 늘리는 유일한 방법이 얼음이었는데, 얼음을 도시로 옮기는 것이 쉽지 않았거든. 얼음을 옮기는 데 드는 막대한 비용은 물론이고 얼음을 구하는 것 자체도 문제였지.

왜냐고? 도시의 인구 증가로 가정에서 나오는 많은 양의 생활 하수와 공장에서 쏟아지는 폐수로 강물이 오염됐기 때문이야. 그런데 누가 오염된 물을 먹으려 하겠어. 당연히 강에서 채취한 얼음도 외면 당할 수 밖에 없었지. 사람들의 고민은 커졌단다.

사람들은 깨끗한 얼음을 만들기 위해 노력했어. 그리고 마침내 1748년 영국의 과학자 윌리엄 컬런이 땀이 마르면서 열을 빼앗는 원리를 이용한 증발 냉각 기법을 통해서 얼음을 만들어 냈어.

증발 냉각은 열의 이동을 관찰하던 중 발견됐는데, 뜨거운 아스팔트에 물을 뿌려 열을 식히는 것과 같은 원리야. 컬런은 증발이 빠른 물질을 찾던 중 '에틸 에테르'를 알게 되었고, 이것을 이용해 물을 얼리는 데 성공했지.

이후 1834년의 어느 날, 영국의 발명가인 제이콥 퍼킨스가 얼음을 만들어 압축시키는 제빙기를 만들었어. 퍼킨스가 얼음 만드는 기계를 만든 이유는 고기를 오래 보관하기 위해서였다고 해. 산업 혁명으로 식생활의 변화를 겪으며 육류와 생선의 소비가 늘었는데, 그에 비해 저장 시설이 늘 부족했거든. 기껏해야 지하 창고에 보관하거나 소금에 절이는 게 다였지. 그늘에 말리거나 살균 처리해 통조림으로 만들기도 했지만, 이러한 방법들은 식재료 본연의 맛을 살릴 수 없었어.

하지만 제빙기의 발명으로 얼음을 쉽게 얻을 수 있게 되면서 식재료도 오래도록 보관할 수 있었지. 더운 여름도 시원하게 즐길 수 있고 말이야. 제빙기의 발명이 생활의 질을 높이고 사람들의 입맛을 변화시킨 거야.

이렇게 우리가 먹는 깨끗한 얼음은 많은 사람의 연구와 노력으로 결실을 맺은 거란다.

얼음으로 시작된 편의점

　이번에는 얼음 왕으로 불렸던 프레데릭 튜더 이야기를 해 볼까 해.
　튜더는 얼음을 보관하는 창고를 가진 집에 살 만큼 부유한 집안에서 자랐어. 당시에 얼음은 여전히 부유층만이 가질 수 있는 것이었거든. 하지만 튜더는 얼음을 누구나 가질 수 있게 하겠다는 꿈을 가졌지. 튜더의 말을 들은 사람들은 모두 제정신이 아니라고 생각했어.
　하지만 1806년, 튜더는 마침내 미국 보스턴의 한 호수에서 얼음을 떼어 카리브해에 있는 마르티니크섬으로 출발했어. 튜더는 섬사람들이 얼음을 즐기는 상상을 하며 기분 좋은 항해를 시작했지. 그런데 생각지도 못한 일이 벌어졌어.
　정작 마르티니크섬 사람들은 얼음에 관심을 보이지 않는 거야. 그나마 몰려든 사람들도 이내 자리를 털고 일어났어. 얼음을 판매할 방법을 찾기도 전에 얼음이 녹아 내렸거든.

하지만 튜더는 좌절하지 않았지. 얼음이 필요하다는 생각은 변함없었거든. 외부의 열을 차단하는 다양한 시도를 하며 얼음이 녹는 것을 늦추는 방법을 찾기 위해 고민했어.

튜더는 먼저 얼음 창고의 문을 옷이나 짚으로 감싸 보았어. 창고에 얼음을 그냥 두었을 때보다 녹는 시간이 줄긴 했지만 만족스럽지 않았지. 그래서 이번에는 전보다 두툼하게 창고를 만들었어. 나무를 자르고 남은 부스러기와 톱밥도 버리지 않고 활용했지.

튜더는 새 창고에 얼음을 잔뜩 넣고 문을 닫았어. 며칠 뒤, 노력이 헛되지 않기를 바라는 마음으로 조심스레 창고를 열었어. 그런데 이게 웬일이니, 거짓말처럼 창고 안에 있던 얼음이 녹지 않은 거야.

"야호!"

그 후 튜더는 얼음을 운송할 때마다 나무와 톱밥을 이용해 저장 창고를 만들었어. 얼음 창고의 성공으로 얼음을 판매하겠다는 튜더의 계획은 순조롭게 진행되었지. 튜더는 인도의 봄베이와 마드라스에도 얼음 창고를 지었고, 1840년경에는 전 세계에 얼음을 팔았어. 사람들은 생선과 고기처럼 보관하기 힘들었던 식재료를 얼음을 이용해 신선하게 보관할 수 있게 됐어.

그리고 1834년, 제빙기의 발명과 1873년 독일의 공학자 카를 폰 린데가 고안한 냉동 기술로 공장에서도 얼음을 만들 수 있게 되면서 좀 더 싼 값에 얼음을 구입하게 됐어. 얼음이 들어간 음식의 종류가 늘고, 어부들은 생선의 신선함을 유지하기 위해 배에 얼음을 싣고 바다로 나갈 수 있었지.

한때 왕족과 귀족들만 가질 수 있었던 얼음을 누구나 이용하게 되면서 생활에 많은 변화가 생긴 거야. 혹시 편의점의 탄생이 얼음과 관련 있다고 했던 말, 기억하니?

1927년의 일이야. 미국 텍사스의 한 제빙 회사에서 일하던 존 제퍼슨 그린은 식료품을 구입할 시간이 없었어. 퇴근할 때면 식료품점이 모두 문을 닫았기 때문이야. 그러던 어느 날, 문득 이런 생각이 들었지.

'얼음 공장 한편에서 식재료를 판매하면 어떨까?'

얼음으로 우유와 달걀 같은 식재료의 신선도를 유지하면 저장 기간도 길어질 거라 생각했거든. 그린은 회사 사장의 허락을 받고 얼음 창고를 활용해 우유와 달걀, 치즈, 채소 등 신선한 식재료를 팔기로 했어. 물건을 파는 시간은 자신처럼 퇴근 후 쇼핑해야 하는 사람들을 위해 식료품점들이 문을 닫는 저녁시간으로 정했지.

회사에 얼음을 사러 왔던 사람들에게도 신선한 채소와 빵을 함께 팔았어. 그러자 회사 직원들과 주변에 살던 사람들이 얼음과 함께 식료품을 사 갔고 곧 인근 마을에까지 소문이 났어. 금세 많은 사람이 몰려들었지.

신선한 식재료를 사려는 사람들이 줄을 잇자 그린은 사업을 제대로 해 보기로 결심하고 영업 시간을 아침 7시부터 밤 11시까지로 바꿨어. 사람들이 필요로 하는 물건들도 가게에 갖춰 놓았지. 이게 바로 편의점의 시작이야.

최근에는 동네에 있던 슈퍼마켓을 밀어내고 그 자리를 편의점들이 차지하고 있어. 생필품을 구입하는 것 외에 간단한 은행 업무, 심지어 택배도 가능해지면서 편의점을 찾는 사람은 더 많아졌지.

이렇게 우리의 삶과 밀접한 관계에 있는 편의점이 앞으로 어떤 모습으로 변할지 궁금하지 않니?

2장
컵라면

편의점의 인기 상품 중 하나가 컵라면이야. 라면은 원래 전쟁으로 쌀이 부족했던 일본에서 밀가루를 이용해 배불리 먹을 수 있는 음식을 찾는 과정에서 만들어졌다고 해. 그리고 컵에 담겨 간편하게 먹을 수 있는 음식으로 발전했지. 지금부터 컵라면이 어떻게 만들어진 건지 한번 알아볼까?

라면 시장의 불황을 이겨 낸 컵라면

　일본은 제2차 세계 대전에서 패하며 빈곤 국가가 됐어. 전쟁 이전에도 곡식이 부족했던 일본은 무리한 전쟁으로 돈까지 바닥난 상황이라 식량 부족 사태를 해결할 수 없었어. 부족한 쌀 대신 생선이라도 많이 잡히면 좋았을 텐데, 바다의 상황도 좋지 않았지. 전쟁 위주의 정책, 부족한 어선과 어부, 일본 해안가에 설치된 폭탄 등으로 고기잡이가 쉽지 않았거든.

　식량난이 갈수록 심해지고 굶어 죽는 사람이 많아지자 일본 정부는 1947년 7월, 식량난을 해결하기 위해 '음식 영업 긴급 조치령'을 선포했어. 여관과 다방, 배급 허가권을 취급하는 식당 말고는 음식점 영업을 할 수 없으며, 여행과 같이 어쩔 수 없는 경우를 제외하고는 외식을 금지한다는 조치야. 결국 일본은 미국에 도움을 요청했어. 미국은 이때다! 하며 남아도는 밀을 일본에 값싸게 팔았지.

　문제는 일본 사람들이 밀가루에 익숙하지 않다는 거였어. 일본 정부는 밀가루를 소비할 방법을 찾아야 했지. 일본 닛신식품의 창업자 안도 모모후쿠 회장도 밀가루를 이용한 새로운 먹거리를 만들기 위해 노력했어. 그런데 새로운 식품을 만드는 게 어디 쉬운 일이니? 고민만 깊어지던 어느 날 밤, 모모후쿠 회장은 포장마차에서 음식을 먹고 음식값을 지불하다가 어묵에 밀가루 반죽을 입혀 기름에 튀기는 것을 보았어.

'이거야!'

모모후쿠 회장은 집에 있는 작은 정원에 조리실을 만들고 밀가루로 국수를 만들어 기름에 튀겼지. 수많은 실패 끝에 튀긴 국수가 뜨거운 물을 만나면 본래의 상태로 풀어져 먹기 좋은 상태가 된다는 것을 알아냈어. 면발은 젓가락에 미끄러지지 않도록 꼬불꼬불하게 만들고 맛을 내기 위해 치킨 양념을 더했지.

이렇게 만들어진 라면은 '2분만 끓이면 맛있는 치킨 라면을 먹을 수 있다'는 광고 문구와 함께 일본 전국에 판매됐어. 사람들은 치킨 라면에 열광했지. 그러자 다른 식품 회사들도 라면 시장에 합세해 다양한 라면이 쏟아졌어. 닛신식품보다 한발 늦게 등장한 묘조식품은 면에 양념을 하지 않고 별도로 분말수프를 첨가한 라면을 선보였어. 업체 간 경쟁 속에서 인스턴트 라면 산업은 빠른 속도로 성장하면서 자연스럽게 닛신식품은 경쟁력을 잃어 갔어.

"이러다간 회사가 위험해지겠어."

모모후쿠 회장은 닛신식품의 라면이 다른 회사 라면보다 적게 팔리자 몇몇 임원들을 데리고 비밀리에 여행을 떠났어. 목적은 전국에 있는 라면 전문점을 조사하고 분석하는 것이었지. 모모후쿠 회장은 전국의 유명

라면집을 돌며 재료와 맛, 끓이는 방법을 상세히 분석했어. 노력은 배신하지 않는다는 말처럼, 닛신식품에서도 새로운 라면들이 등장했어.

그러나 시간이 흐르며 라면 시장이 포화 상태에 이르렀지. 모모후쿠 회장의 고민이 다시 깊어졌지. 그러던 어느 날 모모후쿠 회장의 눈에 미국에서 온 바이어가 라면을 부숴서 컵에 넣고 끓인 물을 부어서 포크로 먹는 모습이 들어왔어.

모모후쿠 회장은 새로운 맛보다는 새로운 용기에 담아 포크로 먹을 수 있는 라면이야말로 세계적인 식품이 될 수 있다는 확신을 했어. 그런데 이번에는 라면을 담을 용기가 문제였어. 라면이 익을 만큼 뜨거운 물을 부을 수 있는 용기가 없었거든.

일본으로 돌아온 모모후쿠 회장은 용기 개발에 온 힘을 다했어. 온갖 재료로 연구한 끝에 선택한 것이 스티로폼이었어. 가볍고 물에도 강하며 보온과 단열이 잘 돼 손으로 잡아도 뜨겁지 않다는 이유였지. 용기 디자인은 컵 모양으로 결정하고 컵 모양에 담긴 라면이라는 뜻으로 '컵라면'이라 부르기로 했어.

그러나 모모후쿠 회장의 생각과 달리 사람들은 컵라면에 선뜻 손을 뻗지 않았어. 조리와 휴대의 간편함을 내세웠지만 매출은 늘지 않았지. 그런데 갑자기 컵라면의 매출이 오르는 사건이 생겼어. 바로 1972년, 아사마 산장에서 발생한 인질 사건이야.

1972년 2월 19일, 일본의 학생 운동 단체인 연합적군 다섯 명이 나가노현의 산악 지역에 있는 아사마 산장에 난입해 인질극을 벌인 일이 있었어. 이때 산장을 포위한 경찰 기동대는 열흘 동안 범인들과 대치하며 인질 구출 작전을 진행했지. 이 모습이 일본 전국에 방송됐어.

 하지만 길어진 인질극과 영하의 날씨에 모두가 지칠 대로 지쳐 가고 있었어. 그때, 지친 기동 대원들에게 컵라면이 지급된 거야. 기동 대원들이 김이 모락모락 나는 컵라면을 먹는 모습은 일본 전국에 방송됐지. 사람들은 기동 대원들이 먹는 컵라면을 눈여겨보았어. 그때부터 컵라면의 판매량이 빠르게 올라가며 일본 전역을 휩쓸었고, 라면 시장이 활기를 띠기 시작했어. 일본의 라면 시장에 변화가 생긴 거야.

그거 참 맛있어 보이네!

혼·분식 장려 정책으로 성장한 우리나라 라면

밥과 국 위주의 식사를 했던 우리나라는 1960년대 혼·분식 장려 정책으로 먹거리에 변화가 생겼어. 혼식은 쌀에 여러 잡곡을 섞어 먹는 것이고 분식은 밀가루 음식을 말해. 이런 혼·분식을 장려한 이유는 쌀 소비량은 줄이고 밀가루 소비는 늘리기 위해서였어. 그런데 왜 밀가루 소비를 늘리려고 했을까?

한국 전쟁으로 황폐해진 농토와 1961년의 대홍수, 태풍 등의 피해로 쌀 수확량이 현저히 줄었거든. 엎친 데 덮쳐 이듬해부터 찾아온 심한 가뭄으로 쌀 수확량은 더 줄어들어 굶주림에 시달리는 사람들이 많아졌어. 젊은이들은 일자리를 찾아 도시로 떠났고 농촌에는 일할 사람마저 부족해졌지. 상황이 이렇다 보니 쌀 한 가마 값이 그 당시 5,000원(오늘날 20만 원 이상의 가치)까지 솟구쳤는데, 전년도에 비해 무려 400퍼센트나 오른 것이었어.

반면, 미국산 밀가루는 넘쳐났지. 미국의 원조로 많은 밀이 우리나라에 들어왔거든. 정부에서는 부족한 쌀을 대신해 밀을 소비하겠다는 의도로 혼·분식 장려 운동을 펼친 거야. 혼·분식 장려 정책으로 쌀로 과자와 떡을 만드는 것이 금지되었고, 설렁탕이나 국밥에는 반드시 국수를 섞어 팔아야 했어. 오늘날 곰탕이나 설렁탕에 국수나 당면을 넣는 것도 이때부터 시작된 거야.

그뿐만이 아니야. 이 시기에 라면도 들어왔어. 그런데 사람들은 라면을 그다지 반기지 않았어. 왜 사람들은 맛있는 라면을 먹지 않았을까?

10원이라는 라면 가격이 문제였어. 당시 10원은 현재 돈으로는 1,000원 정도로 꽤 비싼 음식이었던 거야. 또, 라면으로 식사를 대신할 수 있다는 라면 회사의 광고도 믿을 수 없었어. 우리나라는 오랜 시간 동안 쌀을 중시한 밥 문화를 가지고 있었거든. 그러니 밀가루 음식을 받아들이는 것이 쉽지 않았단다.

정부의 갖은 노력에도 밀가루 소비가 늘지 않자 1969년에는 수요일과 토요일을 '분식의 날'로 정할 정도였어. 분식의 날은 쌀 대신 밀가루로 만든 음식을 먹는 '무미일(無米日)', 즉 쌀 없는 날이었어. 무미일을 지키지 않은 식당은 최소 1개월, 최대 6개월의 영업 정지 처분이 내려지거나 신고한 사람에게는 5,000원의 포상금을 주기도 했단다.

학생들의 도시락도 단속 대상이었어. 도시락을 검사해서 쌀밥을 싸 오면 혼이 나고 도덕 점수를 감점받기도 했어. 혼식을 싫어했던 아이들은 쌀밥 위에 콩이나 잡곡을 얹어 감점을 피하는 일도 더러 있었단다. 혼·분식 운동이 계속되자 사람들은 밀가루로 만든 빵과 라면, 과자 등을 먹

어야 했어.

　라면 업체들도 정부의 지원을 받으며 우리 입맛에 맞는 라면을 만들기 위해 노력했어. 신제품 개발만이 살길이란 생각으로 소비자들이 즐겨 먹을 수 있는 라면을 개발하던 중 짜장 라면이 탄생했어. 짜장 맛을 제대로 살리기 위해 서울에서 가장 맛있다고 소문난 중국집의 주방장을 직접 불러와 조리법을 참고하기도 했지.

　하지만 무엇보다도 라면 스프를 닭고기 맛에서 소고기 맛으로 바꾼 것이 큰 변화를 이끌었어. 특별한 날 먹던 소고기 국을 떠올리는 진한 소고기 국물 맛이 사람들의 입맛을 사로잡았거든. 식당에서도 라면을 찾는 사람들이 늘면서 쌀 소비량이 점차 줄어들었지. 라면의 성공적인 판매가 쌀 부족 사태를 해결하는 계기가 된 셈이야.

그렇게 라면 시장이 커지면서 식품 회사에서는 다양한 라면을 만들었어. 그러던 중 일본에서 컵라면이 출시되었다는 말에 우리나라에서도 컵라면을 만들었어. 그때가 1972년이었는데, 그 당시에는 냄비가 없는 집이 어디 있냐며 판매하는 사람들조차 컵라면을 외면했어. 뜨거운 물을 부어서 익히는 조리법도 생소했지만, 봉지 라면보다 네 배나 비싼 것이 그 이유였지.

그러자 라면 회사들은 끓일 필요 없이 간편하고 빨리 먹을 수 있다는 장점을 내세워 컵라면을 홍보하기 시작했어. 홍보용 컵라면 자판기를 시내 중심가와 백화점, 대학교, 유명한 제과점 입구 등에 설치했지. 자판기가 설치된 곳에 젊은이와 학생들이 하나둘 모이며 컵라면 시장은 서서히 커지기 시작했어.

우리나라는 1986년 아시안 게임과 1988년 서울 올림픽을 치루며 눈부신 경제 성장을 거뒀어. 이 시기에 라면 시장도 황금기를 맞이했지. 우동 라면, 김치 라면, 비빔 라면, 곰탕 라면 등 다양한 라면이 줄이어 나왔고 라면을 다룬 책도 쏟아져 나왔어. 심지어 라면을 주제로 한 책이 베스트셀러에 오르기도 했단다.

아마 저렴한 가격에 허기진 배를 채울 수 있는 음식을 떠올리라고 하면 거의 첫 번째로 컵라면을 꼽을 거야. 컵라면은 조리법도 간단해서 오늘날에는 남녀노소 누구나 즐길 수 있는 우리나라의 대표 먹거리 중 하나가 됐지.

1990년대는 컵라면의 전성 시대라고 할 수 있어. 국내뿐 아니라 해외에서도 많은 제품이 팔렸거든. 특히 도시락처럼 생긴 네모난 모양의 컵라면은 부산항을 드나들던 보따리 상인들을 통해 러시아에 알려지면서 모스크바에 공장까지 지어졌어. 그 컵라면은 지금까지도 러시아인들의 사랑을 받고 있단다.

한때 외면받던 라면이 오늘날에는 한 끼 음식으로 인정받으며 우리 음식을 세계에 알리는 홍보 대사 역할을 톡톡히 하고 있는 셈이지.

면발과 포장 용기의 기술

국민들의 배고픔을 해결하기 위해 만든 라면이 지금은 국민 음식이라 불릴 만큼 대단한 인기를 끌고 있어. 우리나라 국민 한 사람이 1년에 70여 개의 라면을 먹는다고 하니, 국민 음식이라 해도 과언이 아니지? 라면이 사람들에게 인기 있는 이유는 입맛에 따라 면발과 국물, 골라 먹을 수 있는 다양한 맛 때문일 거야.

컵라면과 봉지 라면의 차이는 조리 방법과 면발, 스프에 포함된 나트륨의 양이야. 물을 부어 익히는 컵라면 면발에는 봉지 라면 면발보다 감자 전분이 더 많이 들어가거든. 감자 전분이 뜨거운 물에 잘 녹고 쫄깃한 식감을 유지해 주기 때문이야.

또, 컵라면은 봉지 라면보다 면의 굵기가 가늘고 납작해. 그 이유는 뜨거운 물을 면 속까지 빠르게 전달하기 위해서야. 그래야 3분 안에 면을 익힐 수 있거든.

여기서 중요한 것은 면발이 지나치게 가늘어도 안 된다는 거야. 과거에 끓는 물을 부은 후 1분 뒤면 먹을 수 있는 컵라면이 출시된 적이 있어. '정말 1분 만에?'라는 호기심으로 사람들이 사 먹었지만 한 번 먹은 사람들은 두 번 다시 먹지 않았다고 해. 왜냐고? 빨리 익어서 좋기는 하지만, 먹는 동안 면발이 불어 버렸기 때문이지.

봉지 라면보다 컵라면이 나트륨 양도 더 많아. 봉지 라면은 집이나 식당에서 끼니로 먹는 경우가 많기 때문에 김치나 다른 밑반찬을 곁들이는 경우가 많지. 반면, 컵라면은 편의점이나 야외에서 반찬 없이 먹는 경우가 많으니까 간을 더 세게 해서 국물 맛을 강하게 하는 거야.

라면이 우리나라에 들어온 이후 50년의 세월이 흘렀어. 부족한 쌀을 대체하기 위해 혼·분식 정책으로 등장한 라면은 우리의 삶과 함께하며 성장했어. 1963년에 닭고기 맛으로 시작해 1970년대에는 소고기 맛으로 사람들의 입맛을 끌었지.

라면의 황금기라고 할 수 있는 1980년대는 다양한 라면이 쏟아지며 국물 맛이 얼큰해졌어. 라면 만드는 기술도 발전해 국물 맛의 깊이를 살린 사골 맛 라면도 등장했지.

1990년대 들어서 건강에 대한 사람들의 관심이 높아지자 라면은 인스턴트 음식이라는 인식이 강해졌어. 특히 화학 첨가물이 들어 있는 수프와 튀긴 면발에 거부감을 느끼기 시작했지. 이때 등장한 라면이 기름에 튀기지 않은 라면이야. 이렇게 칼로리를 낮추고 화학 첨가물을 줄인 라면들이 속속 등장했지만 사람들의 입맛을 오래 붙잡지는 못했어.

1990년대 중반부터는 환경 호르몬 문제가 불거지면서 컵라면 용기가 사람들의 우려를 사기 시작했어. 당시 컵라면 용기 재질은 스티로폼이었는데, 스티로폼의 원료가 벤젠이라는 유해 물질이었거든. 용기의 환경 호르몬 발생 문제가 밝혀지면서 뜨거웠던 컵라면 시장도 식기 시작했지.

1994년에는 정부에서 컵라면 용기에 대한 유해 성분 조사를 했어. 검사 결과는 어땠을까? 국내에서 판매되는 컵라면 용기에서 검출된 유해 물질은 인체에 해를 끼칠 정도가 아니라고 했어. 그러나 유해 물질이 몸에 축적될 수 있으니 컵라면 용기의 종류나 양을 줄이는 방법을 찾으라고 했지. 게다가 스티로폼이 땅속에서 완전히 분해되는 데 최소 100년 이상 걸려서 환경에 미치는 영향이 매우 크다며 환경 단체의 반대도 컸지.

식품 업체들은 스티로폼 용기를 대신할 새로운 용기를 찾기 위해 노력했어. 그 후 업체들은 용기를 종이로 바꿨어. 종이 용기는 스티로폼보다 분해가 빨랐고, 유해 물질 문제도 해결해 줬거든.

최근에는 다양한 용기를 활용한 컵라면들이 등장하고 있어. 그중 하나가 면이 익은 정도를 알려 주는 컵라면이야. 컵라면 용기에 뜨거운 물을 부으면 면의 익힘 정도를 외부에서 알 수 있도록 용기가 열에 반응해 색이 변하는 컵라면이지. 전자레인지를 활용해 끓여 먹는 컵라면을 출시한 곳도 있어. 용기는 전자레인지에 조리해도 타거나 녹지 않는 특수 종이를 사용했지. 끓여 먹는 컵라면은 봉지 라면처럼 진한 국물과 면발의 쫄깃함을 느낄 수 있다고 해.

앞으로 우리는 어떤 새로운 컵라면을 만나게 될까?

3장
삼각 김밥

사시사철 편의점의 매출을 책임지는 게 있지. 바로 삼각 김밥이야. 명란 마요, 제육볶음, 참치 마요 등 종류도 30여 개가 넘어.
우리나라에 삼각 김밥이 들어온 것은 1990년대 초반이라고 해. 삼각 김밥은 언제 어디서 어떻게 만들어진 음식일까?

전투 식량에서 편의점 대표 음식까지

삼각 김밥은 일본식 주먹밥인 '오니기리'에서 시작됐어. 오니기리는 찐 찹쌀을 어른 주먹보다 작게 뭉쳐 만든 음식으로, 일본 전국을 통합했던 도요토미 히데요시가 무사들을 위한 전투 식량으로 사용한 것으로 유명해. 그런데 이 이야기를 하기 위해서는 먼저 일본 역사에 등장하는 '무사'에 대해 알아야 할 것 같아.

일본은 헤이안 시대(794~1185년) 후반기에 들어서면서 국왕의 권위가 하락했어. 귀족들은 이때를 기회 삼아 정부의 주요 자리들을 장악하며 토지를 차지했지. 토지의 소유 정도에 따라 부와 권력을 나누던 시기였거든. 귀족들은 농민의 토지를 함부로 빼앗거나 헐값에 사들이면서 토지를 늘렸고, 더 많은 토지를 갖기 위해 전쟁도 마다하지 않았어.

상황이 이렇다 보니 귀족들은 자신의 토지를 지키기 위해 무사를 고용했지. 무사들은 칼로 무장한 채 무리 지어 다니며 자신을 고용한 귀족의 토지를 지키기 위해 싸웠어. 그리고 승리하면 대가로 토지를 받았단다.

12세기 말이 되자 세력을 키운 무사들이 독자적으로 활동했어. 이들은 지방 무사들의 지지를 받으며 귀족을 누르고 장군으로 등극했지. 이때부터 일본에 무사 정권이 들어선 거야. 무사들은 장군이 되어 국왕을 허수아비로 만들고 실질적인 지배자가 되었어.

무사들은 세력 확장을 위해 전투를 벌였고 혼란한 전국 시대가 100여 년간 지속되었어. 거리에는 죽거나 다친 사람들이 넘치고 식량도 부족해졌어. 사람들은 전쟁에서 살아남기 위해 고향을 떠나거나 산속에 숨어 불안한 삶을 살아야 했어. 이런 어지러운 상황 속에 등장한 사람이 바로 도요토미 히데요시야.

도요토미 히데요시는 보급 부대에 명령을 내렸어. 삼각형으로 주먹밥을 만들고, 미소(일본 된장)를 발라 보급하라고 말이야. 미소를 바르라고 한 것은 콩을 원료로 한 된장이 탄수화물의 소화를 도와 먹은 음식을 바로 에너지로 바꿔 주기 때문이야. 아마도 도요토미 히데요시는 맛이 있어야 먹는 재미가 있고 힘이 있어야 쉽게 피로를 느끼지 않는 것을 알고 있었던 게 아닐까?

보급 부대는 진격하는 중간 중간 밥을 지은 후 주먹밥을 만들어 무사와 병사들에게 주었어. 주먹밥을 먹으며 힘을 내 달린 병사들은 적군이 예상한 시간보다 더 빨리 적진에 도착할 수 있었단다. 미처 대비를 못한 적군은 제대로 싸워 보지도 못하고 도요토미 히데요시의 부대에 맥없이 쓰러졌지.

주먹밥을 잘 활용한 전투로 손꼽히는 게 바로 시즈가타케 전투야. 그 당시 52킬로미터의 먼 거리를 수만 명에 이르는 도요토미 히데요시의 부대가 불과 다섯 시간만에 주파했다는 기록도 있어. 이 전투로 도요토미 히데요시가 권력을 잡을 수 있었지.

우리나라에서도 과거부터 주먹밥을 먹었어. 일본의 주먹밥과 우리나라의 주먹밥은 전쟁 때 병사들의 배를 채워 준 전투 식량이자 피난길이나 먼 길을 떠날 때 먹었던 비상식량이라는 공통점이 있지. 차이점이 있다면 바로 모양이야. 우리나라의 주먹밥은 말 그대로 주먹처럼 둥글게 뭉치는데, 일본의 주먹밥은 삼각형이지.

일본의 주먹밥은 2000년 전 화석으로도 발견되었는데, 화석의 모양이 바로 삼각형이었어. 이 화석을 통해 사람들은 아주 오래 전부터 일본의 주먹밥이 삼각형 형태였으리라 추측할 수 있었지. 그렇다면 왜 사각형도 원형도 아닌 삼각형이었을까?

여기에는 산을 신처럼 생각했던 과거 일본인들의 숭배 사상이 담겨 있어. 당시 일본 사람들은 신이 땅으로 내려올 때 가장 먼저 산의 꼭대기에 내린다고 생각했거든. 그래서 삼각형 모양으로 뭉쳐서 먹었다는 이야기가 전해지고 있지.

주먹밥에 김을 둘러싸서 먹기 시작한 건 본격적으로 김 양식이 시작된 에도 시대(1603~1868년)부터라는 이야기가 전해지고 있어. 하지만 당시에 만들었던 주먹밥의 정확한 레시피가 전해진 건 아니라서 1900년대에 들어서 김을 싸서 먹었다는 걸 더 유력하게 보는 사람이 많아.

그리고 시간이 흘러 1980년대에 들어 김과 밥을 분리시켜 포장하는 방법이 개발됐어. 삼각 김밥을 먹을 때, 가운데를 뜯고 양쪽 끝의 비닐을 잡아당기면 김과 밥 사이에 있는 비닐이 빠지면서 밥과 김이 붙는 원리야. 그 덕분에 방금 김으로 싼 것과 같은 바삭하고 맛있는 삼각 김밥을 먹을 수 있게 됐지.

우리나라에서 본격적으로 삼각 김밥을 팔기 시작한 건 1990년대 들어서야. 그리고 2000년대 들어 편의점의 수가 늘어나면서 편의점을 찾는 사람이 많아지자 삼각 김밥의 인기도 늘어갔단다.

참치마요로 대표되던 삼각 김밥은 고추장불고기, 소고기고추장, 스팸치킨마요, 떡갈비, 전주비빔밥, 붉닭 등 다양한 맛으로 발전했지. 그런 덕분에 여전히 삼각 김밥은 사람들의 입맛을 사로잡으며 사랑받고 있어.

남편을 위해 만든 충무김밥, '국풍 81'로 인기를 끌다

김부각, 김자반, 김밥, 김무침……. 모두 밥상에서 많이 봤지? 이 음식들의 공통점이 무엇일까?

그래 맞아. 음식의 첫 글자가 '김'이라는 거야. 오늘날 우리가 먹는 김은 김과에 속하는 해조류를 종이 형태로 얇게 펴서 말린 후 사각형으로 자른 거야.

우리나라 옛 문헌들 속에서도 김에 대한 기록을 찾아볼 수 있어. 《조선왕조실록》에 당시 김을 지칭하던 '해의'에 대한 기록들이 남아 있어. 그중 하나를 살펴보면 《세종실록》 45권에 보면 관원들이 해의 100근을 궁중에 바치었다는 내용이 있어. 그 외 《선조실록》《효종실록》《정조실록》 등에도 해의에 대한 언급이 있단다.

또 조선 시대의 세시풍속들을 기록한 《동국세시기》에 따르면 보름날 새벽에 오곡을 섞어 밥을 지어 먹고 나물을 먹으며 잎채소나 김으로 밥을 싸서 먹는 데, 이를 '복쌈'이라고 한다고 전하고 있어. 조선 최초의 조리서 《시의전서》에는 오늘날 우리가 흔히 먹는 구이 김을 만드는 법이 구체적으로 소개되어 있기도 하지. 그 외에도 《신증동국여지승람》《경상도지리지》《만기요람》 등 다양한 문헌에서 김에 대한 기록을 찾을 수 있어.

우리나라에서 최초로 김 양식에 성공한 것으로 알려진 사람은 1640년 충무로 유배를 떠났던 김여익이라는 사람이야. 김여익이 섬진강 하구의 배알도를 거닐다가 꺾인 밤나무 가지에 이름 모를 해조류가 걸려 있는 것을 발견했는데, 이를 채취해 먹어 보니 부드럽고 맛이 좋았다고 해.

그래서 본격적으로 밤나무와 소나무 등의 가지를 갯벌에 꽂아 김을 양식하기 시작했다는구나. 김여익의 묘비 비문에는 '시식해의'와 '우발해의'라는 글귀가 적혀 있는데, 바로 '김을 처음 양식했고, 김 양식법을 창안했다'는 내용이야.

김으로 만든 대표적 음식 중에는 충무김밥도 있어. 충무김밥의 기원에도 몇 가지 설이 있는데, 그중 하나는 경상북도 통영에서 출항한 어부들이 즐겨 먹던 음식이라는 거야. 어부들은 끼니를 자주 걸렀다는구나. 배에서 밥 먹는 게 여간 어려운 일이었기 때문이지.

이를 걱정한 어부의 아내들이 김에 밥을 말고 양념한 오징어나 꼴뚜기, 무김치를 꼬챙이에 꽂아 도시락을 싸 줬지. 젓가락이나 숟가락이 필요치 않은 음식이다 보니 쉽게 먹을 수 있으면서 배까지 부른 아주 안성맞춤의 음식이었어. 이렇게 만들어진 도시락은 통영의 어부들에게 인기 만점이었다고 해.

또 다른 설은 통영이 한려수도 뱃길의 중심에 있어 사람들이 많이 오가던 곳이라 오가는 사람들을 상대로 팔던 주전부리 중 하나라는 거야. 통영은 따뜻한 남쪽에 위치해 김밥이 자칫하면 상해서 김과 반찬을 분리해 팔기 시작했다는 거지.

그런데 왜 '통영'김밥이 아니라 '충무'김밥이냐고? 충무는 통영의 옛 지명이거든. 그 당시 충무에서 만들어진 음식이기 때문에 충무김밥이라고 이름 붙게 된 거야.

이렇게 통영의 지역 음식이던 충무김밥이 충무를 넘어 전국적으로 인기를 얻게 된 것은 '국풍 81'이라는 행사 때문이었어. 국풍 81은 1981년 5월 28일부터 5일 동안 서울 여의도 광장에서 열린 행사야. 민속제와 전통예술제, 가요제, 연극제, 학술제, 향토 음식 전시회 등 다양한 행사가 열렸는데, 이 기간에는 당시에 나라에서 실시하던 야간 통행금지도 일시적으로 해제했어. 그 덕분에 전국의 대학생과 연예인들이 참여하며 문전성시를 이뤘지.

그중 각 지방의 향토 음식을 소개하는 '팔도 미락정'이라는 향토 음식 전시회가 있었어. 여기에 충무 대표로 어두이 할머니가 출전해서 선보인 음식이 바로 충무김밥이야.

김밥의 담백함과 오징어무침의 새콤달콤한 맛이 사람들의 입맛을 사로잡으며 방송 기자들의 관심을 끌었지. 기자들은 앞다퉈 텔레비전과 신문에 충무김밥을 알렸어. 그러자 사람들이 '팔도 미락정'으로 몰려들었어.

그 후 전국에서 몰려든 사람들이 각지로 흩어지며 충무김밥 만드는 방법도 전국으로 퍼졌단다.

김밥과 캘리포니아롤의 공통점

이번에는 다양한 문화가 담긴 음식을 소개하려고 해. 바로 캘리포니아롤이야. '캘리포니아'라는 미국 지명이 들어간 이름 때문에 미국이 원조다, 캐나다로 이민간 일본인 요리사가 만든 요리니까 캐나다가 원조다, 초밥의 형태를 변형한 것이니 일본이 원조다, 라며 원조 논란의 중심에 서 있어.

캘리포니아라는 지명이 이름에 붙은 것은 당시 주재료인 아보카도의 생산지가 캘리포니아였기 때문이란 설도 있고, 캐나다에서 만들어진 음식이 출장 온 미국 로스앤젤레스의 회사원들에게 인기를 얻으며 붙었다는 설도 있어.

둘 다 확실치는 않지만 한 가지 공통된 내용은 캘리포니아롤이 처음 등장한 것은 북미 대륙이고, 이를 만든 건 일본인 초밥 요리사였다는 거야. 초밥 요리사가 만든 요리라고 하니, 먼저 초밥의 역사를 좀 살펴볼 필요가 있을 거 같아.

일본인들은 생선을 오랫동안 보관하기 위해 소금을 뿌려 쌀밥과 함께 보관한 후 발효될 때까지 기다렸어. 16세기 무렵에 식초가 등장하자 밥에 식초와 소금도 적당히 뿌렸지. 그러고는 주먹만 한 크기로 말아 발효된 생선을 올려 먹었어. 그게 초밥의 시작이야.

절이지 않은 생선회를 먹은 것은 19세기 들어서였어. 관동 지방의 길거리에서 초밥을 팔던 한 상인이 발효하지 않은 생선회를 밥 위에 올리고 생선의 비릿함을 없애기 위해 간장에 고추냉이를 섞어 초밥을 찍어 먹을 수 있도록 했지. 이렇게 오늘날 우리에게 익숙한 초밥이 완성됐어. 생선 초밥이 불티나게 팔리면서 따라 파는 가게들도 이곳저곳에 생겼지.

그런데 이때 일본에 큰 사건이 터졌어. 관동 대지진이 일어난 거야. 도로가 갈라지고 건물이 무너지는 등 순식간에 관동 지방이 아수라장이 됐지. 전쟁과 같은 상황에 관동 지방의 많은 초밥 요리사가 고향으로 돌아갔어. 자연스럽게 초밥도 일본 전역으로 퍼졌지. 이때 일본이 아닌 다른 나라를 선택한 요리사들도 있었어.

북미 대륙으로 간 한 초밥 요리사는 자신이 제일 잘 만드는 초밥으로 생계를 꾸리려 했어. 그러나 초밥을 찾는 사람이 없는 거야. 서양인들이 생선회를 좋아하지 않는 것을 몰랐던 거지. 그래서 서양인들이 먹을 수 있는 음식을 궁리하다 소금과 식초로 간을 한 밥을 김에 말아 팔아 보기로 했어.

그런데 또다시 좌절할 수 밖에 없었어. 서양인들이 질기고 입에 달라붙는다며 김을 싫어했거든. 고민 끝에 요리사는 김을 안으로 넣고 밥이 밖

으로 나오도록 말아 보기로 했어. 밥을 먼저 깔고 김을 올린 뒤 오이, 맛살, 아보카도 등을 함께 올려 돌돌 말았지. 길게 만 롤을 한입 크기로 자르고 그 위에 마요네즈와 깨를 고명으로 올렸어. 싱싱한 오이와 쌉쌀한 게살, 신선한 아보카도가 어우러진 새로운 메뉴는 입에서 살살 녹을 만큼 무척 맛있었어.

고기와 패스트푸드에 익숙했던 서양인들은 새로운 음식을 좋아했고, 많은 사람이 가게를 찾았어.

이렇게 탄생한 캘리포니아롤은 특히 미국 로스앤젤레스를 중심으로 직장인들이 즐겨 찾는 메뉴가 됐어. 곧 미국에 있는 다른 일본 식당에도 캘리포니아롤이 등장했지. 요리사들은 롤 위에 얹는 고명으로 구운 연어와 날치알, 얇게 저민 스테이크 등 생선과 야채, 과일 등 다양한 재료를 사용했어. 필라델피아롤, 스파이시롤, 베이컨롤, 아메리칸롤 등 재료만큼 다양한 이름도 생겼지.

캘리포니아롤이 우리나라에 들어온 것은 1990년대 초반이야. 유학생들을 통해 한국에 들어온 캘리포니아롤은 퓨전 레스토랑에서 판매하던 고급 음식이었어. 비싼 가격 탓에 쉽게 먹을 수 있는 음식이 아니었지. 하지만 지금은 롤 전문 음식점이 생길 정도로 친숙한 음식이 됐어.

최근 미국에서 캘리포니아롤과 비슷한 김밥이 인기를 끌고 있어. 김에 대한 서양인들의 생각이 바뀌었거든. 유럽에서는 김을 간식으로 먹을 만큼 좋아한다고 해. 맛도 맛이지만 김은 비타민 A와 단백질, 칼슘이 풍부하고 칼로리가 낮아 다이어트에도 효과가 있다는 걸 알게 된 거지.

이렇게 외국인들이 김을 좋아하게 되기까지는 많은 사람의 노력이 있었단다.

4장

도시락

1인 가구와 맞벌이 가정의 증가로 편의점 도시락이 나날이 인기를 끌고 있지. 지금은 학교에서 도시락이 사라졌지만 친구들의 부모님들은 급식이 아닌 도시락으로 점심을 해결했을 거야. 도시락에 얽힌 추억도 많을걸.

대만에도 도시락에 얽힌 이야기가 있는데, 어떤 내용인지 함께 볼까?

황금 박물관의 명물, 광부 도시락

대만에 있는 '황금 박물관'이라고 들어봤니? 황금박물관은 대만의 광업 문화와 자연 생태를 보존하기 위해 2004년에 만들어진 곳이야. 그런데 이곳에서 파는 도시락이 유명세를 타고 있어. 광부 도시락을 맛보기 위해 황금 박물관을 찾는 사람들이 있을 정도라고 해.

황금 박물관은 대만 진과스에 있는 폐광산을 관광 명소로 부활시킨 것으로 유명해. 진과스는 금이 많이 나는 지역이었는데, 일본이 대만을 통치하던 시기에 일본의 무리한 채굴로 금이 바닥났어. 그런데 일본은 진과스에 금이 많다는 것을 어떻게 알았을까? 궁금증을 해결하려면 청나라와 일본의 전쟁 시기로 거슬러 가야 해.

청일 전쟁은 1894년 6월부터 1895년 4월까지, 청나라와 일본이 조선의 지배권을 갖기 위해 싸운 전쟁이야. 일본은 청나라와 비교할 수 없을 정도로 작은 나라였지만 날이 갈수록 힘이 세졌어. 반면, 청나라는 힘을 잃어가고 있었지. 서양의 신식 무기로 무장한 일본에 청나라는 대책 없이 당할 수 밖에 없었어. 일본이 육지와 바다에서 모두 승리를 거두자 1895년 4월, 일본 시모노세키에서 청나라와 일본은 조약을 체결했어. 조약의 내용은 청나라가 요동 반도와 대만을 일본에게 넘기는 것이었지.

이 소식이 대만에 전해지자 대만은 '대만민주국'을 수립하며 일본의 지배를 거부했어. 이들은 일본과 끝까지 싸울 것을 약속하며 대만의 주권이 일본에 넘어가는 것을 반대했지. 대만민주국은 군사를 조직해 일본군 상륙에도 대비했어.

대만 곳곳에서 일본군에 저항하는 시위와 충돌이 거세게 일어났어. 하지만 막강한 병력을 앞세운 일본 군대를 막을 수는 없었지. 5개월 남짓의 투쟁으로 많은 사상자가 발생하자 대만은 결국 일본에 무릎을 꿇으며 항복해야 했어. 그리고 1945년까지 일본의 지배를 받게 된 거야. 대만에서는 이 시기를 대만 일치 시기라고 해.

진과스는 대만의 작은 일본이라 할 정도로 일본의 잔재가 많이 남아 있어. 그중에서도 특히 금광이 유명해. 진과스에서 금이 발견된 것은 일본이 철도를 놓기 위해 땅을 파헤치면서야. 금이 발견되자, 일본은 진과스 일대를 마구잡이로 파헤쳤어. 일본 정부는 일본 기업들에게만 금을 캘 수 있도록 했어. 이 일대에서 발견된 금을 일본이 모두 가져 가려는 속셈이었지.

일본인들이 진과스로 몰려든 건 안 봐도 뻔하지? 일본 정부는 이들을 위해 건물과 도로를 지었고 조용하던 마을은 일본인들로 북적이기 시작했어. 일본 황태자가 방문한다는 소식이 전해지자 황태자가 묵을 건물도 지었단다. 일본인 광산 관리인들의 집을 시작으로 일본풍 식당과 편의 시설들이 줄줄이 들어섰지. 이렇게 만들어진 곳이 일본 관저 거리야.

　일본이 진과스 광산 주변에 마을을 만드는 동안, 대만 사람들은 광산에서 노예 같은 삶을 살아야 했어. 이른 아침에 광산에 들어가면 해가 지기 전에는 나올 수 없었단다. 월급을 많이 주는 것도 아니었고 충분한 휴식 시간을 제공하지도 않았어.

이렇게 일본이 금 채굴에 열을 올린 이유는 무기 구입 비용을 마련하기 위해서였어. 당시 태평양 전쟁 중이었던 일본은 전쟁에 막대한 무기와 식량이 필요했거든.

　금 생산량을 늘리기 위해 전쟁 포로들도 광산에 동원했어. 포로들은 좁은 지하 터널에서 몸을 웅크린 채 금을 캐야 했어. 목표량을 채우지 못하면 밥 먹을 시간도 주지 않았어. 허리를 펼라치면 채찍이 날아들었지. 매 순간이 고통이던 이들에게 유일한 휴식은 점심 시간뿐이었어.

　광산에 들어간 사람들은 미리 준비한 도시락을 먹었어. 배추절임과 밥이 전부인 초라한 도시락이었지만, 광부들에게는 세상에서 제일 맛있는 음식이었지. 도시락을 먹을 때만은 쉴 수 있었을 뿐 아니라, 먹을 것이 있다는 것만으로도 행복했거든. 먹을 것이 부족했던 포로들은 광부들의 도시락을 부러워했어. 대만 광부들은 포로들을 위해 자신의 도시락을 남겨 주기도 했어.

그렇게 끝날 것 같지 않았던 대만 일치 시기는 일본 천황의 항복으로 막을 내렸어. 독립을 맞은 대만 사람들은 환호하며 광복을 즐겼고, 진과스에도 평화가 왔지. 대만 사람들은 진과스 금광으로 달려갔어.

그러나 금광에 금은 없고 남은 것이라고는 흙뿐이었어. 일본이 진과스의 금을 모두 가져가 버렸거든. 대만 정부는 폐광이 된 금광을 황금 박물관으로 만들어 개방했어. 그리고 광부들의 슬픔과 기쁨이 녹아 있는 도시락을 특별식으로 내놓으며 사람들의 발길을 끄는 데 성공했단다.

뭄바이의 도시락 배달원 '다바왈라'

　인도 뭄바이는 인도 상업의 중심지야. 세계에서 가장 많은 영화를 제작하는 도시이기도 하지. 바로 이곳에 특별한 직업이 있다고 해. 도시락에 관련된 직업일거라고? 역시!

　오늘 소개하려는 직업은 '다바왈라'야. 도시락을 뜻하는 '다바'와 일하는 사람을 뜻하는 '왈라'가 합쳐진 말로 도시락 배달부를 일컫는 말이지.

　다바왈라는 인도 전통 모자 중 하나인 흰색 토피를 쓰고 자전거나 수레에 많은 도시락을 싣고 다녀. 이들은 집에서 만든 도시락을 직장인들에게 배달하고 빈 도시락을 다시 집으로 배달하는 일을 해. 매일 5000명 정도의 다바왈라가 식사 비용이 부담스럽거나 집 밥이 그리운 직장인들에게 20만 개 이상의 도시락을 배달한다고 해. 그렇다면 다바왈라는 언제 생긴 직업일까?

　인도인들이 즐겨 찾는 다바왈라는 사실 아주 예로부터 전해진 인도 전

통 문화는 아니었어. 인도가 영국의 식민지로 있을 때 생긴 거야. 그럼 인도는 어쩌다 영국의 식민지가 되었을까?

이걸 알려면 15세기에서 16세기쯤으로 거슬러 가야해. 이때는 이탈리아 상인인 마르코폴로가 쓴 《동방견문록》 덕분에 유럽에서 동양에 대한 호기심이 일던 때야. 또 지중해를 장악하고 있던 오스만 제국이 베네치아에게 해상 무역의 독점권을 주면서 유럽은 새로운 항로를 찾아야 했던 때이기도 해.

과학 기술의 발달과 망원경, 나침반, 배 만드는 기술, 해양 지도 등을 가지면서 새로운 바닷길을 개척할 수 있게 됐거든. 그때 포르투갈은 아시아로 가는 신항로를 발견했고, 에스파냐는 신대륙을 발견했지. 두 나라는 새롭게 발견한 항로를 독점하며 부를 쌓았어.

영국과 프랑스는 아시아 무역의 가장 큰 시장인 인도를 무척 탐냈어. 인도에서 향신료와 면직물이 많이 생산됐거든. 영국의 동인도 회사는 인도의 벵골 지방을 손에 넣기 위해 프랑스와 맞붙었고, 이 전투에서 영국이 승리하면서 인도는 영국의 식민지가 되었지.

영국의 식민지가 된 인도, 특히 인도의 수도 뭄바이는 빠른 속도로 상업이 발전했어. 사람들은 늘어나는데, 교통도 불편하고 마땅히 식사할 식당의 수도 턱없이 부족했어. 그때 은행에 다니던 한 은행원이 집에서 만든 도시락을 사무실로 배달시켰는데 이게 다바왈라의 시초라는 이야기가 전해지고 있어. 이 아이디어가 점심 배달 서비스로 확대돼 오늘날의 다바왈라 문화가 자리 잡았다는 거지.

다바왈라의 유래로 전해지는 이야기는 그 뿐만이 아니야. 집에서 만든 도시락을 사무실로 배달시키게 된 데는 영국 식민 지배 시절에 영국인은 인도의 음식이, 인도인은 영국의 음식이 입에 맞지 않아서였다는 이야기도 있어.

또 비싼 밥값이 부담스러운 직장인들이 늘면서 자연스레 다바왈라가 생겨났는 이야기도 있지. 이렇게 다바왈라의 유래에 대해서는 여러 가지 이야기가 전해지고 있지만, 확실한 것은 오늘날 다바왈라는 인도의 대표적인 문화가 되었다는 거야.

무려 130년이 넘는 전통을 이어오고 있는 다바왈라 시스템은 세계적으로도 인정받고 있단다. 수많은 도시락을 각기 다른 곳에 배달하면서도 배달이 잘못 가는 경우가 흔치 않을 정도라고 하니, 얼마나 시스템이 잘

짜였는지 알겠지?

 오늘도 다바왈라들은 도시를 누비며 많은 이의 맛있는 끼니를 책임지고 있단다. 생활에 도움이 되는 문화를 이어가는 인도인들의 정신이 참 멋지지?

세계는 지금 도시락 천국

요 몇 년 우리나라에 도시락 열풍이 불고 있어. 과거에 싸지만 맛없는 도시락이라는 이미지를 가지고 있던 편의점 도시락은 풍성한 종류와 가격으로 사람들의 시선을 끌고 있고, 다양한 메뉴를 갖춘 도시락 구독 서비스도 점점 늘고 있어.

이렇게 최근 들어 사람들의 관심이 늘어난 듯 보이지만 사실 우리나라의 도시락 역사는 꽤 길단다. 18세기에 지어진 시조집 《청구영언》에 '새암을 찾아가서 점심 도슭 부시고'라는 글귀가 있어. 도슭은 도시락의 옛말이야. '샘을 찾아 다 먹은 점심 도시락을 씻고'라는 뜻이란다. 19세기에 도슭이 '도스락'으로 변했고, 20세기 들어서 발음하기 편하게 '도시락'이 된 거야.

그런데 일제강점기에 일본이 우리의 말과 글을 사용하지 못하게 하면서 도시락을 '벤또'로 불러야 했던 때가 있어. 한국 전쟁 후에도 도시락은 벤또로 불렸어. 강압에 못 이겨 사용하던 단어가 습관처럼 굳어진 거지. 하지만 조선어 학회를 중심으로 우리말을 되찾자는 운동이 일어나 오랜 시간 끝에 도시락이라는 이름을 되찾았어.

도시락은 우리나라가 경제와 함께 성장했다고 해도 지나치지 않아. 버드나무 줄기나 나뭇가지로 엮어서 만들던 도시락은 알루미늄과 플라스틱, 양철 등으로 바뀌었지. 집에서 일터나 학교가 먼 사람들이 늘어나면서 도시락 붐이 일어났어. 도시락은 저렴하고 편하게 먹을 수 있는 한 끼 식사였거든.

할아버지 할머니에게는 도시락이 학창 시절의 추억이라고도 할 수 있을 거야. 그 시절에는 도시락을 준비하지 못해 허기진 배를 물로 채우기도 했고, 겨울이면 난로 위에 켜켜이 쌓은 도시락에서 풍기는 밥 냄새가 교실을 가득 메우기도 했지. 반찬이라고는 김치뿐인 경우가 많아서 김치 국물에 책과 공책이 붉게 물들기도 했어. 하지만 급식이 시작되면서 이제는 도시락은 여행이나 체험 학습 갈 때만 먹는 음식이 됐지.

도시락을 사 먹을 수 있게 된 건 1980년대에 들어서야. 이때만 해도 맛과 품질이 별로였어. 값은 비싼데 메뉴라고는 돈가스, 제육볶음뿐이라 인기를 끌지 못했거든. 도시락 산업이 발전할 수 있었던 데는 편의점의 힘이 컸어. 다양한 도시락이 등장하며 편의점들 간의 경쟁으로 번졌거든. 자연스럽게 도시락 업체들은 맛과 품질을 높이기 위해 노력해야 했어.

그런 과정을 통해 편의점 도시락은 낮은 가격과 다양한 메뉴로 기존의 도시락 업체를 위협하며 성장했어. 최근에는 고급스러운 메뉴의 도시락도 선보이고 있지. 연예인이나 유명 요리사의 이름을 내건 도시락이 나올 정도야.

　오래전부터 도시락 문화가 자리잡은 일본은 건조한 밥을 보관했다가 끓여 먹은 것이 그 시작이었다고 해. 그러다 산업화로 철로가 생기면서 역과 기차에서 판매하는 에키벤이 일본 도시락 산업에 불을 지폈어. 여행자, 직장인, 학생 등 다양한 사람이 기차를 이용하며 에키벤을 먹었어. 에키벤은 지역 특산물로 만든 도시락을 제공하기 때문에 관광 상품으로 발전할 만큼 오늘날에도 인기가 대단해.

　편의점이 늘어나기 시작한 1990년대에 들어서는 늘어난 점포 수만큼 도시락의 판매량이 늘어나 일본 도시락 업체들의 경쟁이 치열해졌지. 그러면서 가격과 종류도 다양해졌고 말이야.

　우리나라와 일본의 도시락 시장은 아직도 성장 가능성이 활짝 열려 있어. 1인 가구의 빠른 증가와 여성의 사회 진출이 늘어나면서 워킹맘의 비율이 높아지고 있거든. 인구 고령화 현상이 빠르게 진행되고 있는 것도 한몫하고 있지.

　다른 나라들은 어떨까? 프랑스 사람들은 슈퍼마켓 체인인 '모노프리'를 자주 이용해. 다양한 식료품과 생활용품을 파는 모노프리는 프랑스에 500여 개가 넘는 매장이 있어. 이곳을 이용하는 프랑스인들은 샌드위치를 자주 찾는데, 바게트 샌드위치는 프랑스의 국민 도시락이라는 이름에 걸맞게 찾는 사람이 많다고 해.

　패스트푸드가 발달한 미국의 편의점 도시락은 간단한 것이 특징이야. 우리나라와 달리 밑반찬도 거의 없고 샌드위치, 과일, 치킨, 샐러드 등으로 만든 도시락이 많지.

그런데 미국의 도시락 시장도 조금씩 변하고 있어. 레스토랑에 가는 대신 도시락을 싸오거나 편의점에서 산 도시락으로 사무실에서 간단하게 식사하는 직장인들이 늘고 있거든. 미국 역시 혼자 사는 1인 가구가 증가하고 도시락을 찾는 사람들이 늘면서 도시락 시장이 성장하고 있어.

세계 여러 나라에서 도시락 시장이 성장하고 있는 거지. 도시락은 이제 세계 곳곳에서 시간과 비용을 절약할 수 있어 학생이나 직장인들이 즐겨 찾는 메뉴가 됐어. 당연히 도시락 만드는 회사에서는 더 맛있는 도시락, 정성이 듬뿍 담긴 도시락을 만들기 위해 노력하고 있지. 이 다음에는 어떤 도시락이 나올까?

5장

우유

편의점에서 개학과 함께 많이 팔리는 상품이 있어. 바로 우유야.
그런데 말이야 최근 우유보다 커피나 탄산음료를 즐기는 아이들이 늘면서 아이들의 입맛을 잡기 위해 우유 회사에서 다양한 우유 제품을 만들고 있어. 우리는 언제부터 우유를 먹기 시작한 걸까?

산업 혁명과 우유

인류는 정착 생활을 하면서 가축을 길들이기 시작했어. 움집 주변에 떨어진 음식물을 찾아 몰려든 동물들을 가둬서 키웠거든. 고대인들은 동물에게 고기와 우유를 얻었고, 동물의 뼈는 무기와 장신구로 만들었지. 이집트 나일강 주변 동굴에서 발견된 벽화 속 소젖 짜는 모습은 우유의 역사를 연구하는 귀중한 자료로 쓰이고 있어.

과거의 우유는 아주 귀한 음식으로 왕과 귀족들만 즐겨 먹을 수 있었어. 먼저 우유를 제공할 만한 젖소가 있어야 했고, 쉽게 상하는 성질의 음식이라 보관도 어려웠기 때문이야. 귀한 대접을 받았던 우유가 널리 퍼진 것은 얼음과 마찬가지로 산업 혁명 덕분이지.

대량 생산이 가능해진 영국은 농업 중심이던 사회에서 도시 중심의 사회로 바뀌며 생활도 달라졌어. 자연스럽게 돈을 투자해 공장을 세운 자본가와 노동으로 생계를 유지하는 노동자로 나뉘는 자본주의 사회로 진입한 거야.

　산업 혁명은 물건을 실어 나르는 방식도 바꿨어. 마차가 지나던 길은 철로가 됐지. 철도가 등장하면서 우유를 찾는 사람도 늘었어. 운송 시간이 짧아져 신선한 우유를 먹을 수 있었거든.

　이전까지는 도시와 멀리 떨어진 목장에서 도시로 우유를 옮길 때 냉장 시설이 형편없었고, 유일한 교통수단이던 마차는 시간도 너무 오래 걸렸어. 도시에 우유가 도착했을 때는 이미 상해 버리기 일쑤였지. 그러니 누가 우유를 먹으려 했겠어.

　하지만 산업 혁명으로 우유 소비가 늘자 목장에서는 소를 늘렸고 젖을 짜는 노동자도 늘렸어. 작은 규모로 필요한 만큼의 우유를 만들던 목장들은 판매를 목적으로 양을 늘렸고, 대형 목축업이 탄생하게 됐어.

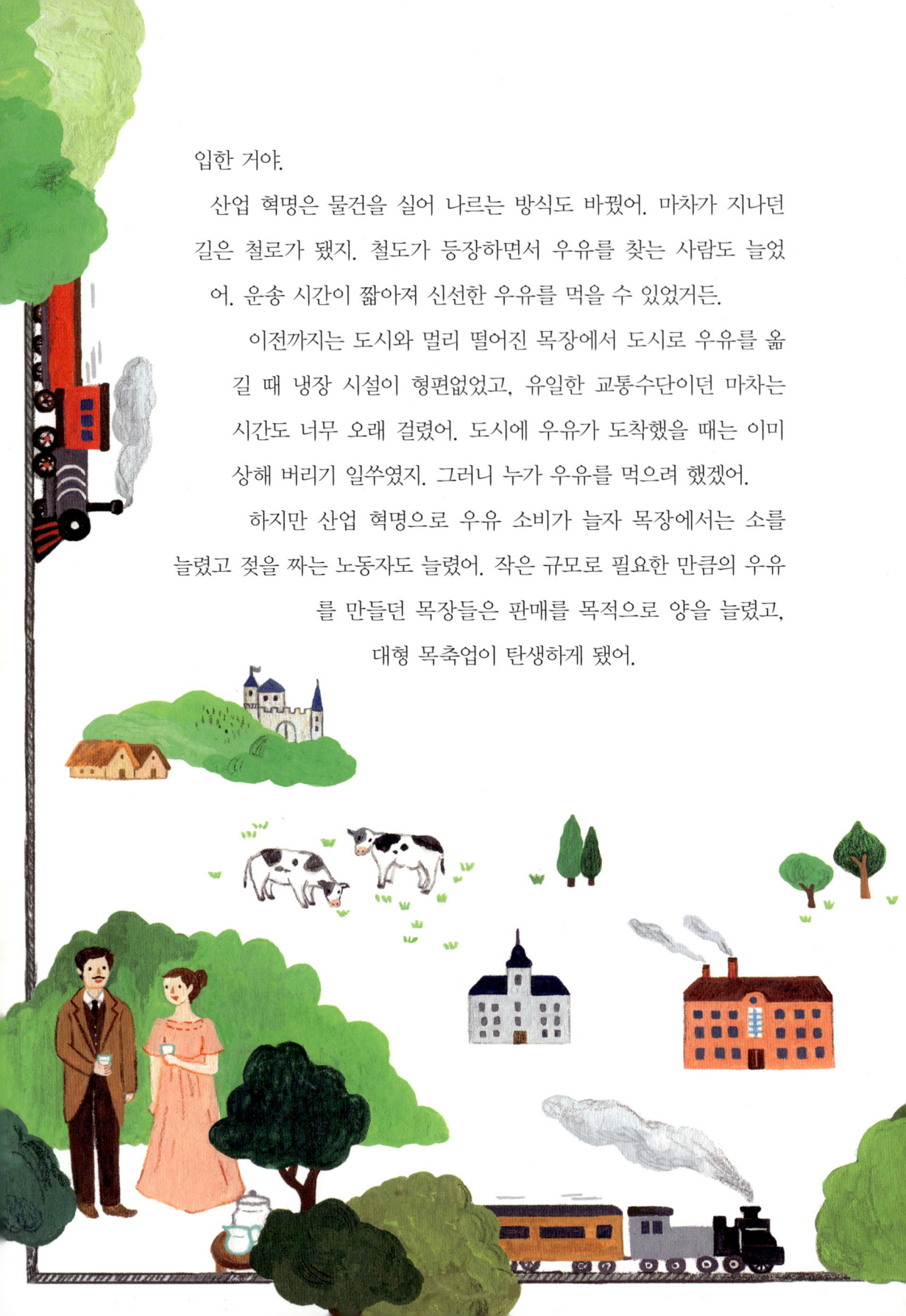

우유가 인기를 얻게 된 두 번째 이유는 여성들의 사회 진출이야. 생산과 소비가 하나였던 농업 사회에서 생산과 소비가 분리되는 자본주의 사회로 들어서자 농촌에서 도시로 생활 터전을 옮기는 사람이 많아졌어.

도시로 이동한 사람들이 돈을 벌기 위해 공장에 취업을 하면서 여성들의 취업률도 높아졌지. 산업 혁명 이전이라면 아이에게 모유를 먹였을 엄마들이 일을 하러 나섰고 아이에게 모유 대신 우유를 먹여야 했지. 영양 부족으로 모유가 충분치 않았던 엄마들도 우유를 찾았어.

그런데 큰 문제가 있었어. 우유 값이 생각보다 비쌌거든. 대형 목축업의 등장으로 우유가 많아지긴 했지만,

여전히 노동자들이 이용하기에는 부담스러운 가격이었어. 그래서 우유 대신 설탕물을 먹이는 경우도 있었지. 설탕물을 먹은 아이들에게는 영양 부족 증상이 나타났어.

가진 사람과 가지지 못한 사람들 간의 차이로 사회는 어수선해졌단다. 산업 혁명의 문제점이 드러난 거야. 노동자들은 긴 시간의 노동을 강요받았고, 월급도 끼니를 겨우 해결할 만큼만 받았어. 게다가 도시로 한꺼번에 사람들이 몰리면서 주거 시설과 수도 시설도 엉망이 돼 버렸지.

사람들은 변화된 사회에 적응하기 위해 애를 써야 했어. 먼저 우유 가공 기술과 판매 지역을 넓혔지. 냉장 시설이 발달하면서부터는 우유 시장이 대도시까지 넓어졌어. 자연스럽게 우유의 소비층도 다양해졌어.

산업 혁명으로 많은 사람이 고생해야 했지만 그 덕분에 더 많은 사람이 우유를 먹을 수 있게 된 거야.

한국인의 입맛을 사로잡은 바나나 맛 우유

'우리나라는 언제부터 우유를 먹었을까?'라는 질문에 삼국 시대라고 답하는 사람이 많아. 우유를 의미하는 '유락(乳酪)'이라는 말이 《삼국유사》에 등장하기 때문이야.

조선 시대에도 우유를 먹었다는 기록은 쉽게 찾을 수 있어. 《조선왕조실록》에 왕이 우유로 끓인 타락죽을 먹었다는 이야기가 심심찮게 등장하거든. 영조는 자신에게 바칠 우유를 짜기 위해 송아지가 굶어야 하는 상황을 알고 타락죽을 올리지 말라는 명을 내리기도 했어.

또 이런 이야기도 있어. 어느 날, 한 외국인 선교사가 조선 사람에게 설탕을 탄 우유를 주었다고 해. 이 음료를 맛있게 마신 조선 사람이 무슨 음료인지 묻자 선교사는 소의 젖인 우유라고 답했어. 그 말을 들은 조선 사람이 뭐라고 했는 줄 알아?

"사람이 어찌 소의 젖을 먹는단 말이오. 퉤!"

이 이야기만 봐도 조선 시대까지는 우유가 낯선 음식이었다는 걸 알 수 있지.

우리가 우유를 친숙하게 느끼게 된 시기는 1960년대로, 정부에서 낙농업을 발달시키려 애쓰던 시기였어. 낙농업은 젖소나 염소 등을 기르며 우유를 생산하거나 우유를 원료로 하는 치즈와 버터 같은 유제품을 만드는 산업이야.

정부에서는 젖소의 품종을 바꾸고 끊임없이 기술을 개발하며 우유 소비량을 늘리려 했어. 우유가 상하지 않도록 냉장 기술도 끌어올렸지. 그러나 정부의 적극적인 움직임에도 우유 소비량이 도무지 늘지 않는 거야. 왜 그랬을까?

당시에는 흰 우유에 대한 사람들의 거부감이 컸거든. 생우유에 익숙하지 않아 배탈도 자주 났고 말이야. 우유 회사는 우유 소비를 늘리기 위해 신제품 개발에 들어갔어. 사람들에게 거부감 없는 우유를 만들기 위해 다양한 시도를 했지. 그리고 노력 끝에 찾아낸 식재료가 바나나였어.

당시에 아주 고급 과일이었던 바나나가 아이들이 가장 먹고 싶어 하는 과일이라는 것에 집중한 거야. 우유 회사는 우유에 바나나 맛과 향을 내기 위해 연구했어. 그리고 마침내 제대로 된 바나나 맛과 향이 나는 우유를 만드는 데 성공했지.

하지만 여전히 풀어야 할 문제가 남아 있었어. 바로 우유를 담는 용기였어. 당시의 우유는 유리병이나 비닐팩에 담는 것이 일반적이었는데, 직원들은 용기를 새롭게 하는 것이 맞다고 생각했거든. 특히 바나나 맛 우유는 우리나라에서 처음 만든 것이니까 우리나라를 나타낼 수 있는 용기

를 찾아 보기로 했지.

 그러던 어느 날, 도자기 박람회장을 둘러보던 직원의 발길이 달 항아리 앞에 멈췄어. 가운데가 볼록해 달처럼 보이는 항아리의 곡선이 주는 아름다움에 푹 빠졌거든. 우리나라의 보물이기도 한 달 항아리가 한국적인 아름다움과 정서를 표현한 예술품으로 알려진 이유도 한몫했지.

 직원들은 달 항아리 형태를 본 뜬 우유 용기를 개발하고 항아리에 담긴 고향, 추억, 따뜻함 등을 우유 홍보에 내세우기로 했단다. 바나나의 노란색이 잘 보이도록 반투명 소재를 활용하자는 의견도 반영했어.

 물론 생소한 달 항아리 모양의 용기를 반대하는 직원들도 있었어. 한 손으로 쥐기 힘들고 사각 팩보다 운반하기가 불편하다는 이유였지. 페트

병이나 유리병, 팩 등에 담긴 우유보다 유통 기한이 짧은 것도 문제였어. 그럼에도 불구하고 바나나 맛 우유는 달 항아리 모양을 본뜬 단지 용기에 담겨 제품으로 출시됐어.

달 항아리 모양의 우유 용기를 본 사람들의 반응은 어땠을까? 사실 처음에는 반응이 좋지 않았어. 낯선 용기라 선뜻 손이 가지 않았거든. 하지만 시간이 지날수록 바나나 맛 우유의 상징이 되며 인기 식품으로 떠올랐어. 바나나 맛 우유 대신 '단지 우유'라는 별명도 붙었지.

오늘날 바나나 맛 우유는 세계 시장에서도 인기야. 한국적인 용기에 담긴 바나나 맛 우유는 '먹지 않은 사람은 있어도 한 번만 먹은 사람은 없다'는 말이 나올 정도란다.

식탁에 부는 치즈 바람

떡볶이, 피자, 스파게티, 햄버거, 케이크, 샌드위치, 과자. 여기에는 공통으로 들어가는 재료가 있어. 이 재료는 고소한 맛, 짠맛, 신맛, 쓴맛에 감칠맛까지 낼 수 있어 요리에 자주 활용되는 식재료이기도 해.

고민하는 친구들을 위해 힌트를 조금 더 줄게. 이것은 우유에 들어 있는 단백질을 굳혀서 만든 거야. 칼슘이 풍부해 성장기 어린이들에게 특히 도움이 되는 식재료지.

자, 이제 감이 오지? 그래, 맞아. 바로 치즈야. 우리는 언제부터 치즈를 먹었을까? 이걸 알 수 있다면 참 좋을 텐데 아쉽게도 치즈에 대한 기록은 거의 남아 있지 않아. 그중 아라비아에서 전해지는 이야기가 있는데, 가장 유력한 설로 알려져 있어. 한번 들어 볼래?

오랜 옛날, 한 아라비아 상인이 양의 위로 만든 물통에 염소젖을 넣고 사막을 건너는 중이었어. 뜨거운 태양과 후덥지근한 바람, 흩날리는 모래에 지친 상인은 사막에 앉아 잠시 쉬어가기로 했지. 목이 탔던 상인이 물통을 열어 막 염소젖을 마시려는데, 웬일인지 물통에서 염소젖이 나오질 않는 거야. '왜 그러지?' 생각하며 물통을 들여다보니 하얀 덩어리가 들어 있지 뭐야. 배가 고팠던 상인은 하얀 덩어리를 조금 떼어서 먹어 보았어. 그리고 지금까지 맛보지 못한 고소함이 입 안 가득 퍼졌다고 해. 이것이 최초의 치즈라는 거야.

치즈는 아라비아 상인에 의해 유럽으로 전파됐고 유목 민족의 식량으로도 사용됐다고 해. 유럽으로 건너간 치즈는 고대 로마에서 전투 식량으로도 활용됐어. 장기전에 돌입한 병사들에게 치즈는 영양 보충제나 다름없었거든. 치즈는 영양과 칼로리가 높아서 병사들의 지친 체력을 보완해 주는 요긴한 음식이었어.

고대 로마인들은 하루에 두 끼를 치즈로 먹을 만큼 치즈를 좋아했어. 정복 활동을 활발히 했던 로마군의 전투 식량 또한 치즈였지. 자연스럽게 로마가 정복한 나라와 주변 국가들에 치즈 제조 기술이 전파됐어.

그런데 이 맛있는 치즈 제조 기술이 로마 제국의 멸망과 함께 사라질 뻔했단다. 수도사들이 없었다면 치즈 제조 기술이 오늘날까지 전파되지 못했을 거야. 왜냐고? 고기를 먹지 못하는 수도사들에게 치즈는 단백질을 공급해 주는 중요한 영양 식품이었거든. 그렇게 수도원에서 이어진 치즈 제조 기술은 농민들에게 전해졌단다.

늘 환영받았을 것 같던 치즈가 사람들로부터 외면당한 때도 있었어. 17~18세기에는 가공하지 않은 생우유의 위생 문제로 불안해하던 사람들이 치즈도 멀리했거든. 사람들의 생각이 변한 건 과학 기술이 발달하던

19세기 무렵이야. 프랑스 생물학자 파스퇴르가 발명한 저온 살균법과 냉장고의 등장으로 치즈의 인기가 되살아났지.

우리나라에서 치즈가 만들어진 것은 벨기에에서 온 지정환 신부님 덕분이야. 1976년, 전북 임실 성당에 부임한 신부님은 주민들을 돕기 위해 산양 두 마리를 데려와 치즈를 만들기 시작했어. 하지만 무려 3년이나 치즈를 만드는 데 실패했어. 계속되는 실패와 고생에도 신부님은 포기하지 않았지.

그리고 마침내 우리나라 최초의 치즈가 탄생했어. 완성된 치즈를 본 주민들과 신부님은 기뻐했지. 그런데 기쁨도 잠시였어. 치즈가 낯설었던 사람들이 치즈를 먹으려 하지 않았거든. 깊은 고민에 빠진 신부님이 생각 끝에 이렇게 말했어.

"이건 우유로 만든 두부예요."

주위 사람들은 신부님의 말에 마지못해 치즈를 조금 떼서 입에 넣었어. 그런데 오물거리며 치즈를 씹던 사람들의 표정이 점점 밝아지는 게 아니겠니.

사람들이 치즈의 고소한 맛을 알아가기 시작하면서 치즈를 찾는 사람들이 늘었지. 그 후 마을 사람들은 힘을 모아 피자 치즈를 만들었고, 임실에서 만든 피자 치즈는 전국의 피자 가게에 팔리면서 농가 수입을 쭉쭉 올려줬어.

피자는 전 세계에서 많은 사람이 좋아하는 인기 있는 음식이야. 이탈리아 남부 사람들의 한 끼 식사가 전 세계의 입맛을 사로잡은 셈이지. 그런데 치즈 농가를 살린 피자가 사실은 치즈가 없는 음식이었다는 게 믿어지니? 이탈리아의 나폴리에서 먹던 피자는 둥글납작한 빵 위에 마늘과 소금, 돼지기름을 토핑으로 올린 것이 전부였어. 빵과 토핑이 모두 흰색이라 화이트 피자라고 불렸는데 시간이 흐르고 토마토와 채소, 치즈를 만나면서 한층 맛이 좋아진 거야.

치즈 없는 피자는 앙꼬 없는 찐빵 같을 거야. 우연한 발견이 이렇게 오늘날 우리에게 맛있는 즐거움을 준다는 게 참 재미있지?

6장
아이스크림

한여름에 교문을 나선 학생들은 약속이라도 한 듯 시원한 아이스크림을 사러 편의점에 오곤 해. 이 아이스크림을 전쟁에 활용한 나라가 있다고 해. 군인들의 사기를 높이는 데는 아이스크림이 최고였다니, 어느 나라의 이야기인지 궁금하지?

왕족들의 사치품이었던 아이스크림

아이스크림은 기원전 4세기경, 고대 마케도니아 왕국의 알렉산더 대왕이 눈에 우유와 꿀을 섞어 먹은 것에서 유래되었다는 설이 있어. 또 고대 그리스의 아테네 시장에서 눈과 꿀을 섞은 아이스크림을 팔았다는 기록도 있지. 고대 그리스 의학자였던 히포크라테스는 아이스크림을 생명수라고 표현했고 고대 로마의 네로 황제는 눈에 꿀과 땅콩, 과일 등을 섞어 먹는 것을 즐겼다고 해.

황제의 아이스크림을 만들기 위해서 사람들은 추운 겨울에 산꼭대기에서 눈이나 얼음을 구해와야 했어. 가져온 눈과 얼음은 구덩이에 넣고 최대한 녹지 않도록 지푸라기를 덮어 여름까지 보관했어.

그런데 고대 사람들이 먹은 아이스크림은 우리가 알고 있는 아이스크림과는 달라. 우유도 크림도 들어가지 않은 차가운 음료였어. 그렇다면 '크림'이 들어간 아이스크림이라는 말은 언제부터 사용했을까?

아이스크림이란 단어가 처음 쓰인 것은 1718년 영국에서 출간된 《메리 에일스 아주머니의 요리책》으로 알려져 있어. 이 책에 아이스크림이라는 용어와 함께 아이스크림 만드는 방법이 실려 있었지.

그리고 1744년에는 옥스포드 영어 사전에도 실리면서 아이스크림이라는 말이 널리 알려졌어. 하지만 아이스크림은 값이 비싸 누구나 먹을 수 있는 음식은 아니었어.

그런데 1851년에 들어서 아이스크림 시장에 큰 변화가 생겼어. 미국의 제이콥 푸셀이란 사람이 아이스크림 공장을 만들었거든. 공장에서 대량 생산된 아이스크림은 이전과 비교할 수 없는 저렴한 가격으로 판매됐어.

당연히 더 많은 사람이 아이스크림을 먹을 수 있게 됐지. 사람들은 아이스크림을 먹기 위해 식당으로 몰려들었어. 당시의 아이스크림은 접시에 담아 숟가락으로 떠먹는 형태라 지금처럼 걸어 다니면서 먹을 수 없었기 때문이야.

아이스크림에 새로운 변화가 찾아온 것은 1904년, 미국 세인트루이스에서 열린 만국 박람회에서야. 새로운 상품을 선보이는 만국 박람회는 많은 나라가 참여하는 행사였지. 그만큼 많은 사람이 몰리다 보니 식사를 하기 위해서 식당마다 길게 줄을 서야 했어.

너무 긴 줄 때문에 기다리는 것을 포기하고 식당이 아닌 디저트 가게로 발길을 돌리는 사람도 많았어. 이때 붐볐던 곳이 바로 아이스크림 가게야. 그런데 이곳을 부러운 눈으로 보는 사람이 있었어. 바로 와플 가게 주인이었지.

'우리 가게는 줄 서지 않아도 바로 먹을 수 있는데.'

와플 가게 주인은 수북이 쌓인 와플을 보며 한숨만 쉬었어. 박람회 시기가 여름이었던 터라 대부분 차가운 음료나 아이스크림을 찾았거든.

그때, 와플 가게 주인에게 좋은 생각이 떠 올랐어. 바로 와플에 차가운 아이스크림을 넣는 거였지. 와플 가게 주인은 와플 사이에 아이스크림을 넣었어. 그런데 생각보다 아이스크림 맛이 약하게 느껴지자 와플을 얇게 만들었어. 그러고는 아이스크림을 듬뿍 얹어 둘둘 말았단다. 고깔 모양의 와플이 탄생한 순간이었지.

와플 아이스크림을 맛본 주인은 눈이 동그래졌어. 바삭하게 씹히는 와플과 부드러운 아이스크림의 조화가 환상적이었거든. 와플 가게 주인은 지나가는 사람들에게 와플 아이스크림을 서비스로 제공했어.

"숟가락 없이 먹을 수 있는 아이스크림이네!"

사람들은 금세 걸으며 먹을 수 있는 와플 아이스크림의 매력에 빠졌어. 와플 아이스크림은 순식간에 날개 돋힌 듯 팔렸지. 전시 상품을 구경하며 먹을 수 있는 획기적인 디저트였으니 당연한 일이었어.

와플 가게 주인은 박람회가 끝난 뒤 이곳저곳을 다니며 와플 아이스크림을 팔았어. 와플 아이스크림을 맛보려는 사람들이 줄을 이었고, 얼마 지나지 않아 와플 아이스크림은 우리가 잘 알고 있는 콘 아이스크림으로 알려지게 됐단다.

해군의 사기를 높인 아이스크림

아이스크림은 전쟁 중인 군인들에게도 아주 중요한 역할을 했어. 무슨 얘기냐고? 제1차 세계 대전 직후로 거슬러 올라가 보자.

제1차 세계 대전 이후 세계의 중심은 영국에서 미국으로 옮겨갔어. 미국은 기술 발전에 힘입어 많은 공장을 지었고, 공장에서 만든 물건들은 상점에 쏟아졌어. 하지만 계속 만들어지는 물건들과 달리 사는 사람은 정해져 있잖니? 어느 순간부터 사는 사람보다 물건이 더 많아지기 시작했어.

가게와 창고마다 팔리지 않은 물건이 산더미처럼 쌓이자 가게와 공장들이 줄줄이 문을 닫았어. 가게와 공장들이 문을 닫자 많은 노동자가 거리로 내몰리면서 미국 경제도 멈췄어. 배고픔을 이기지 못해 쓰레기통을 뒤지는 사람들도 생겼지.

전 세계 경제에 큰 영향을 주던 미국 경제가 멈춰 버리자 전 세계가 혼란에 빠졌어.

　힘 있는 나라들은 공황을 해결하기 위해 식민지 정책을 추진했지. 식민지에서 싼값으로 자원을 빼앗기 위해서 말이야. 그런데 그럴 만한 식민지가 없었던 독일은 어려운 경제 상황을 더 이상 견디지 못하고 폴란드에 침략 선언을 했어.

　그러자 폴란드와 상호 원조 조약을 맺은 프랑스가 독일에 선전 포고를 했지. 상호 원조 조약은 둘 이상의 나라가 다른 나라로부터 침략을 받으면 서로 돕기로 약속하는 거야.

　영국과 손을 잡은 프랑스가 독일과 전쟁을 시작하면서 제2차 세계 대전

이 시작됐어. 제1차 세계 대전의 패배를 맛본 독일은 이후 철저히 전쟁 준비를 했고 그 결과 폴란드와 프랑스, 노르웨이까지 독일 손에 들어갔단다.

이때 독일과 손잡은 일본이 태평양 전쟁을 일으켰어. 이들에 대항하기 위해 미국도 덩달아 제2차 세계 대전에 뛰어들게 됐지. 그리고 미국은 해군이 머물던 태평양의 과달카날섬 부근에 함정 한 척을 띄웠어. 멀리서 보면 보통의 함정처럼 보였지만 가까이서 보면 전혀 달랐지.

강철로 만든 선박이 아니라 콘크리트로 만든 엔진 없는 함정이었거든. 당연히 움직일 수도 없었어. 미국이 전쟁이 한창인 때 엄청난 돈을 쏟아부으면서 엔진도 없는 배를 바다에 띄운 이유가 뭘까?

이 함정의 정체는 바로 작전 중인 병사들에게 아이스크림을 만들어 나눠 주는 아이스크림 공장이었어. 미국이 이런 계획을 세운 것은 아이

크림이 군인들의 사기를 높인다고 믿었기 때문이야. 아이스크림은 군인들에게 아주 인기 있는 식품이었거든.

공군에서는 출격을 앞둔 전투기 조종사들에게 아이스크림을 줬어. 어쩌면 마지막일 수 있다는 의미와 꼭 생존해 돌아와 아이스크림을 먹으라는 바람이 담긴 것이었지.

미국은 아이스크림을 모든 부대에 나눠 주는 것이 목표였어. 그래서 세계 이곳저곳에 아이스크림 공장을 지었지. 그런데 문제가 있었어. 해군은 함정을 타고 바다로 나가 싸워야 하는데 함정이 비좁아 아이스크림을 만들 수 있는 장비를 실을 수 없었거든. 이런 문제를 해결하기 위해 바다에 떠 있는 콘크리트 함정으로 아이스크림 공장을 만든 거지.

아이스크림은 미국의 의도대로 군인들의 의욕과 자신감을 높여 주었어. 반대로 미국과 싸우는 상대국의 사기는 떨어트렸지. 한 독일 장교는 미국 군인들을 전쟁 중에 달달한 아이스크림이나 찾는 나약한 군인이라고 빈정거리기도 했단다. 하지만 속내는 전쟁터에 아이스크림까지 공급하는 미국의 보급 시스템이 부럽다는 뜻이 담겨 있었어.

이탈리아의 독재자 무솔리니는 이탈리아에서 아이스크림을 판매하는 것을 금지하기도 했어. 미국은 적인데 미국을 상징하는 아이스크림을 팔 수 없다는 것이었지.

연합군이었던 영국 군인들도 미국 군인들이 먹는 아이스크림을 부러워했어. 영국에서도 아이스크림 생산을 금지했기 때문이야. 영국 왕실은 전쟁에 필요한 설탕과 우유를 아이스크림 같은 디저트에 사용할 수 없다고 했거든. 이로 인해 아이스크림 공장도 군대에 필요한 물건을 생산하는 공장으로 바꿔야만 했지.

　격렬한 전투 후에 달달하고 부드러운 아이스크림을 먹는 군인들의 표정이 어땠을까? 어쩌면 그 맛을 잊지 못하고 꿈속에서도 아이스크림을 먹었을지도 몰라. 이 정도면 아이스크림이 전쟁터에서 제 역할을 톡톡히 한 셈이지?

차가운 음료에서 출발한 아이스크림

달콤하고 시원한 아이스크림은 모두가 좋아하는 간식이야. 맛도 초코, 바닐라, 딸기, 포도, 복숭아 등 셀 수 없을 만큼 많아 골라 먹는 재미가 있지.

하지만 아이스크림 기계나 냉동 기술이 없던 고대에는 얼음이 아이스크림의 주재료였어. 고대 사람들은 과일즙에 으깬 얼음을 넣어 마셨단다. 이렇게 만든 차가운 음료가 더위를 잊게 하고 피로를 풀어 줬기 때문이야.

대제국을 건설했던 고대 마케도니아의 알렉산더 대왕이 페르시아를 점령했을 때도 전쟁으로 지친 병사들을 위해 산에서 가져온 얼음에 과일즙을 섞어 마시도록 했어. 병사들은 시원하고 달달한 과일즙으로 기운을 차리고 적군을 향해 나아갈 수 있었지.

중세 시대로 거슬러 가 보면 아랍인들이 즐겨 마셨던 '샤르바트'를 만날 수 있어. 샤르바트는 물과 여러 가지 과일을 섞어 눈과 얼음 사이에 넣어 얼린 거야. 이때 아랍 지역으로 여행을 간 유럽인들이 샤르바트를 맛보고 그 맛에 빠져 만드는 방법을 고향으로 가져갔단다.

오늘날 우리가 '셔벗'으로 알고 있는 빙과류의 기원이 바로 샤르바트야. 이탈리아에서는 샤르바트를 '소르베토'라는 이름으로 가져왔어. 소르베토는 귀족들의 디저트가 됐지. 중세 시대에도 여전히 평민은 얼음을 갖기가 어려웠거든. 이탈리아에서는 얼음에 레몬과 딸기, 신대륙에서 들여온 초콜릿과 바닐라 등을 섞어 다양한 소르베토를 만들었어.

17세기에는 나폴리에 살던 에스파냐 총독 공관의 집사 라티니가 우유를 넣은 밀크 소르베토를 만들었어. 우유가 들어간 달콤한 소르베토는 지금까지 먹던 것과는 그 맛이 달랐지. 학자들은 부드러운 맛이 더해진 새로운 이 밀크 소르베토를 최초의 아이스크림이라고 보기도 한단다.

비슷한 시기에 영국에서는 우유와 크림을 섞은 형태의 아이스크림이 만들어졌어. 영국 왕이었던 찰스 1세의 지시로 요리사가 우유와 크림을 섞은 색다른 디저트를 만들었거든. 찰스 1세는 요리사에게 아이스크림 만드는 방법을 비밀로 하라고 지시했지. 그러나 찰스 1세가 청교도를 중심으로 일어난 혁명으로 참수형을 당하자 요리사가 아이스크림 제조법을 세상에 공개했단다.

아이스크림이 디저트로 자리매김하게 된 데는 카페가 큰 역할을 했어. 유명 인사들이 많이 찾던 프랑스의 한 카페가 있었는데, 이들이 즐겨 먹던 것이 아이스크림이었거든. 아이스크림을 찾는 사람들이 늘자 판매업자들은 고민하기 시작했어. 얼음 사이에 넣는 것만으로는 아이스크림을 단단히 얼리기가 어려웠거든. 겨울에 채취한 얼음을 여름까지 녹지 않게

보관하는 것도 문제였지.

많은 과학자가 얼음 보관법을 연구했고, 오랜 연구 끝에 새로운 사실을 발견했어. 소금을 뿌린 얼음은 온도가 내려가면서 차가운 냉기를 뿜어낸다는 거였어. 이 냉기가 아이스크림 재료에 전달되면서 아이스크림을 딱딱하게 굳혔지.

18세기에 들어서자 이탈리아의 아이스크림은 변화를 맞았어. 아이스크림에 견과류, 빵가루 등을 넣기 시작했거든. 아이스크림을 찾는 사람이 많아지면서 재료도 다양해지고, 아이스크림을 만들어 파는 제과업체도 늘었어. 그런데 이때까지도 아이스크림 만드는 기계가 등장하기 전이라

모든 것을 손으로 만들어야 했단다.

어떻게 아이스크림을 만들었을까? 먼저 설탕과 크림, 과일즙, 우유, 향미료를 섞어 그릇에 담은 뒤, 그릇을 소금과 얼음을 채운 통에 담가. 그러고는 아이스크림이 얼 때까지 그릇에 담긴 재료를 계속 젓는단다. 그래야 부드러워지거든. 생각만 해도 정말 힘들 것 같지?

유럽인들이 신대륙으로 옮겨가면서 아이스크림도 미국 땅을 밟게 됐어. 아이스크림을 맛본 사람들은 그 맛에 열광했고, 미국의 제과업체도 아이스크림을 만들어 팔기 시작했지. 심지어 1799년 7월 4일에는 아이스크림이 미국 독립 기념일 축제 음식으로 선택되기까지 했어. 축제를 즐기기 위해 모인 사람들은 달콤하고 시원한 아이스크림에 푹 빠졌지.

하지만 미국에서도 아이스크림은 가격이 아주 비싸서 상류층만 먹을 수 있었단다. 그러던 1851년, 푸셀이 아이스크림 공장을 만들면서 새로운 국면을 맞이했어. 적은 비용으로 훨씬 많은 아이스크림을 만들 수 있게 된 거야.

그 덕분에 누구나 쉽게 아이스크림을 먹게 됐지. 그 후 다양한 아이스크림들이 저렴한 값에 쏟아져 나왔고 많은 사람이 먹을 수 있게 됐어. 정말 감사한 일이지?

7장
마스크

코로나바이러스감염증-19에 대한 불안감이 높아진 뒤 편의점에서 가장 판매가 많이 된 것 중 하나가 마스크였을 거야.

마스크라는 단어는 라틴어 마스카(masca)에서 유래했는데, 고대 그리스와 로마 시대에도 마스크를 사용했다고 해. 그때의 마스크는 지금과 어떻게 달랐을까?

스펀지와 동물의 방광으로 만든 마스크

　세계의 역사는 곧 전쟁의 역사라고도 할 수 있어. 여러 나라들이 전쟁으로 영토를 확장하며 힘을 과시했거든. 전쟁을 승리로 이끌기 위해서는 전략, 잘 훈련된 병사와 신무기가 필요했지. 고대 그리스도 마찬가지였어.
　고대 그리스의 신무기는 연기였단다. 맵고 자욱한 연기로 시야가 흐려지고 적군들이 고통스러워할 때가 가장 좋은 공격 타이밍이라고 생각했지. 그런데 생각지도 못한 상황에 허둥대야 했어. 적군을 향해 피운 연기가 바람을 타고 자신들까지 덮친 거야. 적군의 혼란을 유도하려고 피운 연기에 정작 그리스 군대까지 위험에 빠진 순간이었어.
　그리스 병사들은 매캐한 연기에 코가 화끈거리고 목이 타들어가는 듯했어. 숨을 쉬기도 어려운 상황이라 공격다운 공격은 꿈도 꿀 수 없었지. 고민에 빠진 그리스 군대는 연기로 인한 피해를 줄이는 방법을 찾기로 했어. 다양한 의견들이 쏟아졌는데, 그중 코와 입을 스펀지로 가리자는 의

견이 있었어.

　군사들은 스펀지를 말아 코에 막고 전투에 나가 보았지. 어떤 군사들은 스펀지 양 끝에 끈을 달아 귀에 걸기도 했단다. 그리스 군대는 다시 로마 군대를 향해 연기를 피웠어. 바람을 타고 날아간 연기가 로마 군대를 휘감았고, 그리스 군대는 승리를 확신하며 나아갔어. 그리스 군대가 사용한 연기가 최초의 화학 전쟁의 시작이었던 셈이지.

　두 번째로 소개할 나라는 로마야.

　고대 로마는 기원전 8세기경 이탈리아 중부의 작은 마을에서 시작해 지중해를 중심으로 거대한 제국을 이룬 나라였어. '모든 길은 로마로 통한다.'는 말이 있을 정도로 로마는 전 세계로 길을 내며 뻗어 나갔지.

로마는 전투를 대비해 바닥에 돌을 반듯하게 깔아 길을 냈어. 전차 바퀴가 잘 굴러가려면 길이 평평해야 했거든. 로마 군대는 다듬어진 길로 빠르게 이동할 수 있었고, 그 결과 이탈리아반도를 차지할 수 있었어.

로마는 길을 정비하는 데 필요한 돌을 산이나 광산에서 가져왔어. 광산업이 발달한 로마였기에 가능한 일이었지. 그런데 석면 광산에서 문제가 생겼어. 석면 광산에서 일하는 노동자들의 사망률이 높았던 거야. 당시에는 석면의 유해성을 몰랐거든.

그런데 한 조사관이 유독 석면 광산 노동자들의 사망률이 높은 것을 이상히 여기고 석면 광산 노동자들의 죽음을 연구했어. 그리고 죽음의 원인이 호흡기로 인한 폐질환이라는 것을 알아냈지. 로마 왕실은 석면이 호흡기로 들어가는 것을 막기 위한 방법을 찾으라 명령했어.

많은 사람이 노력 끝에 찾아낸 것이 바로 동물 방광으로 만든 마스크였어. 동물 방광으로 마스크를 만들려면 먼저 방광 표면의 기름기를 제거해야 해. 그리고 동물 방광을 살살 문질러 안에 있는 오줌기를 빼 낸 뒤 여러 번 씻어 냄새를 제거했어. 그러면 손바닥 크기 정도가 되는데, 그 안에 바람을 넣으면 풍선처럼 부풀어 올라.

로마에서는 광산 노동자가 나쁜 먼지를 들이마시지 못하도록 얼굴 전체를 감싸는 형태로 이렇게 동물 방광을 사용했어. 이것이 세계 최초의 방진 마스크란다.

흑사병이 만든 부리 마스크

'흑사병'은 14세기 무렵 영국, 북유럽, 러시아 등 중세 유럽을 강타한 전염병이야. 흑사병은 당시 유럽 인구의 3분의 1을 죽음에 이르게 했지. 사실 흑사병(페스트)은 중세 유럽인들이 사용했던 이름이 아니었어. 당시 사람들은 흑사병을 '전염병(Plague)'이라 불렀단다. 흑사병을 칭하던 말이 오늘날 전염병 전체를 이르는 말이 된 것만 봐도 얼마나 무서운 병인지 알겠지?

　흑사병이라 불리게 된 건 1832년, 독일의 한 의사가 쓴 책 때문이야. 피부가 까맣게 썩어 들어가며 죽는 병이라는 뜻으로 흑사병이라 적었거든.
　그렇다면 흑사병이 퍼지기 전의 유럽은 어땠을까?
　13세기 무렵의 유럽은 따뜻한 기온과 비옥한 토지로 농작물이 풍족했고 인구 증가로 도시의 숫자는 늘어나던 때였어. 하지만 이런 인구 증가와 도시의 발달은 환경에 심각한 문제를 낳았어. 늘어난 오물들이 거리를 가득 채우며 쥐가 많아졌거든. 인구 증가로 식량이 부족해 영양실조에 걸린 사람도 많았어. 이런 상황 속에 아시아에서 시작된 흑사병이 유럽에 도착한 거야.
　유라시아 대륙까지 영토를 확장하던 몽골군이 흑사병으로 사망한 병사들의 시신을 유럽 도시의 성벽 안으로 던져 넣었거든. 사람들은 도시 안으로 날아든 몽골군의 시신을 외진 곳에 버렸어. 그러자 도시에 퍼져 있던 쥐들이 시신으로 모여들었고, 이때 균에 감염된 쥐벼룩이 쥐로 옮겨 간 거야. 적군의 사기를 꺾기 위한 몽골군의 행동이 유럽 전역을 쑥대밭으로 만든 거지.
　흑해로 들어온 배도 흑사병을 퍼트리는 데 한몫했어. 배에는 흑사병으

로 죽은 사람들의 시신이 여기저기 뒹굴었는데, 배가 항구에 닿자 배 안의 쥐들이 육지로 퍼져 나갔단다. 게다가 유럽 전역으로 활동하던 상인들로 인해 흑사병이 퍼지는 것은 시간 문제였어.

쥐들이 지나간 곳에는 어김없이 사람들이 죽었어. 원인 모를 병에 걸려 검게 타들어 가거나 죽어 나가자 사람들은 공포에 질렸어. 길 곳곳에 사람들이 쓰러지고 병에 걸린 사람들이 병원을 찾았지만 치료는 꿈도 꿀 수 없었지. 당시에는 제대로 된 치료법이 없었거든.

1348년 3월, 여러 나라에서 흑사병 치료를 위해 의사를 고용했어. 사람들은 이들을 '흑사병 의사'라 불렀어. 흑사병 의사들은 후드가 달린 검은 코트를 입고 손에 긴 막대기를 들었어. 아주 독특한 마스크도 쓰고 있었지. 튀어나온 눈은 두툼한 유리로 덮여 있고 코는 새의 부리처럼 뾰족하게 튀어나와 있었거든.

흑사병 의사들은 마스크의 부리 부분에 말린 허브 가루나 민트, 라벤더를 넣으면 흑사병에 감염되는 것을 최대한 막을 수 있다고 생각했어. 세균이나 바이러스에 대해 몰랐던 중세 유럽인들은 오염된 냄새가 병균을 옮긴다고 믿었거든. 그래서 허브 향 같은 것이 질병을 막아 준다 생각했지.

눈 부분은 유리나 안경을 달아 병균으로부터 보호했고, 긴 지팡이는 환자의 상태를 보기 위해 옷을 들추거나 환자들의 폭행에 대항하는 데 사용했어. 사람들은 흑사병 의사들이 입은 검은색 의상과 새 부리 모양의 마스크를 보며 저승사자를 떠올리기도 했어.

그런데 정작 흑사병 의사들 중 의학을 전공한 사람들은 드물었어. 치료를 하겠다며 돈을 요구하는 흑사병 의사도 많았단다. 치료라고는 식초에 목욕하기, 피 뽑기, 상처에 후추 뿌리기, 신에게 기도하기 등 지금 우리가 보면 말도 안 되는 것들이었지. 사람들은 계속해서 죽어 나갔어. 흑사병 의사들 또한 예외가 아니었어.

너 나 할 것 없이 치료는커녕 고통 속에 죽어가는 모습을 보고 사람들은 흑사병 의사들을 멀리하기 시작했어. 그 후 흑사병이 공기가 아닌 세균에 의해 전염된다는 사실이 알려지면서 독특한 새 부리 마스크와 복장이 사라질 수 있었단다.

스페인 독감과 코로나바이러스감염증-19

'팬데믹'은 전 세계적으로 전염병이 유행하는 것을 말해. 대표적으로 1918년부터 1920년까지 유행했던 스페인 독감이 있어. 단순한 열 감기로 생각했던 독감이 전 세계를 강타하면서 세계 보건 기구의 전염병 경보 단계 중 최고 위험 등급까지 올라갔단다. 이름은 스페인 독감이지만, 스페인 독감의 시작은 이름과 다르게 미국이었어.

미국 시카고에서 시작된 독감이 스페인 독감으로 불리게 된 것은 세계 대전과 관련이 있어. 전쟁 중이던 미국과 영국, 프랑스, 독일 병사들 사이에 감기가 퍼졌는데, 당시에는 그것을 아무도 중요하게 생각하지 않았어. 언론도 병사들의 감기보다는 전쟁 상황을 알리는 것을 중요하게 생각했지. 그런데 스페인은 달랐어. 이 감기가 심상치 않다고 생각해 언론에서 자세히 다뤘단다. 그 후 스페인 독감이라 불리게 된 거야.

스페인 독감은 프랑스에서 임무를 수행하던 미국 군인들 사이로 빠르게 퍼졌어. 며칠 고생하면 낫는 가벼운 감기로 여긴 것이 문제의 시작이었지. 특히 이 독감 바이러스를 전파한 일등 공신은 참호였어. 참호는 적의 공격에 대비해 땅에 깊게 판 구덩이야. 독일과 프랑스 군대는 적의 공격을 대비해 좀 더 안전하게 참호를 깊게 팠단다.

그런데 이 좁은 공간에 다닥다닥 붙어 있다 보니 독감이 빠르게 전파된 거야. 전쟁 중이라 씻는 것도 어려웠고 부족한 식량으로 면역력이 약해진 군인들은 독감을 이기지 못하고 쓰러졌지. 긴 전쟁이 끝나고 군인들이 고향을 찾으면서 독감은 세계적으로 확산됐어. 병원마다 환자들이 넘쳐 길에도 천막으로 만든 진료소가 수두룩했어.

스페인 독감이 빠르게 전파되며 전 세계적으로 5000여 만 명이 사망했어. 제1차 세계 대전 때 사망자 수보다 세 배나 많은 수였지. 대혼란에 빠진 세계는 도로에 화학 약품을 뿌리고 감염을 줄이기 위해 마스크 착용을 의무화하는 규제안을 만들었어.

또 '마스크를 쓰고 생명을 지킵시다. 마스크가 감염을 막아 줍니다.'라고 홍보하며 마스크 착용 캠페인을 벌였지. 경찰이 마스크를 착용하지 않은 사람은 대중교통에 타지 못 하게 했고, 일부 회사에서는 마스크를 직접 만들어 시민들에게 제공하기도 했어.

전 세계가 마스크를 착용해야 한다고 입을 모은 이유는 마스크가 사람 간의 감염을 줄여 줬기 때문이야. 마스크가 스페인 독감으로부터 자신을 지키는 마지막 방어선이었거든.

그로부터 100여 년 뒤인 2019년 12월, 중국 우한시에서 원인을 알 수 없는 폐렴으로 병원을 찾는 사람들이 있었어. 병의 원인을 파악하던 우한시는 곧 무서운 진실에 공포를 느꼈어. 환자들 대부분이 화난 수산 시장에서 판매하고 있는 야생 동물에 노출됐다는 사실을 알아냈거든.

그리고 이곳에서 시작된 바이러스가 동물에서 사람으로, 사람에서 사람으로 옮겨지며 폐렴 환자들이 걷잡을 수 없이 늘었어. 우한시의 병원은 환자들로 가득했고 의료진이 손쓸 겨를 없이 죽는 사람들도 생겼어.

이 바이러스는 곧 중국 국경을 넘어 우리나라는 물론이고 전 세계로 퍼져 나갔어. 감기 증상으로 시작된 폐렴은 환자를 고통으로 몰아넣었고, 의료진은 두꺼운 방호복을 입은 채 환자들을 돌봐야 했지.

세계 보건 기구에서는 이 바이러스에 '코로나바이러스감염증-19(이하 '코비드-19')'라는 이름을 붙였어. 코비드-19는 중증 급성 호흡기 증후군과 같은 질병을 일으킬 수 있는 치명적인 바이러스라 예방이 무엇보다 중요했어. 그런데 워낙 빠른 속도로 퍼져서 병원이 마비될 지경이었지.

치료약이나 백신도 없는 상황에서 전 세계 의료진과 환자들 모두 바이러스와 힘겨운 전쟁을 벌였어. 결국 2020년 3월 11일, 세계 보건 기구는 코비드-19에 대한 팬데믹을 선언했어.

우리나라 정부는 국민들을 코비드-19로부터 지키려 애를 썼어. 질병관리 본부에서 바이러스의 전파를 막기 위해 마스크를 착용하는 것이 효과적이라고 알렸지. 침만으로도 바이러스가 전파될 수 있거든.

마스크를 쓰는 것이 자신을 지키는 것이라는 인식이 높아지자 마스크를 착용하는 사람들이 늘었어. 마스크는 중증의 환자들이나 죄를 지은 사람들이 착용한다는 인식이 강해 예방 차원의 마스크 착용에 부정적이던 미국과 유럽에서도 사람들이 마스크를 쓰기 시작했어. 코비드-19는 사람들의 생각도 바꿔 놓았지.

바이러스의 경로는 각기 다르지만 코비드-19는 주로 비말(침)과 호흡기를 통해 전염된다고 해. 그러니 전염되지 않으려면 무엇보다 마스크가 꼭 필요하다는 걸 기억하길 바라.

8장

생리대

전 세계 인구의 절반인 여성이 사용하는 생리대는 인류의 시작과 함께했고, 지금도 여성들에게 꼭 필요한 물건이야.
생리대에 얽힌 놀라운 이야기 중 하나는 미라에서 발견된 탐폰이야. 고대 사람들은 과연 어떤 생리대를 사용했을까?

전쟁으로 피어난 일회용 생리대

고대 이집트에서는 파피루스 줄기에서 속대를 꺼내 생리대로 사용했다고 해. 파피루스는 나일강 주변에서 쉽게 구할 수 있는 식물이었거든. 그 후 여성들이 가장 많이 사용했던 생리대는 무명천이었어. 천을 여러 번 접어 생리가 흐르는 것을 방지했지. 그런데 무명천은 흡수성이 약하고 빨아서 써야 하는 불편함이었어.

생리대에 획기적인 변화가 시작된 것은 제1차 세계 대전 때야. 1914년 6월 28일, 보스니아의 수도 사라예보에 오스트리아 황태자 부부가 방문했어. 많은 시민이 황태자 부부를 반겼지. 그런데 그때, 시민들 사이에 있던 한 청년이 황태자 부부를 향해 총을 쏘았어.

"황태자가 쓰러졌다!"

당시 총을 쏜 청년은 세르비아계 사람이었는데, 이 사건을 계기로 오스트리아와 세르비아의 전쟁이 시작됐어. 두 나라가 전쟁을 시작하자 유럽의 여러 나라가 어느 편에 서야 자신들에게 도움이 될지 고민했어. 그런 가운데 러시아가 세르비아를 돕겠다고 나섰어. 그러자 이번에는 독일이 러시아가 세르비아를 돕는다면 군대를 모아 전쟁을 치를 것이라 위협했지. 독일은 프랑스에도 전쟁을 선언하며 공격했어. 이에 영국도 나섰지. 전 세계가 전쟁의 소용돌이에 휘말리기 시작했어.

폭탄과 총알이 날아다니는 전쟁터는 참혹했어. 무너진 건물에 깔리거나 총상으로 다치고 죽는 사람들이 날로 늘었지. 병원마다 넘치는 환자 수에 비해 의료 장비가 턱없이 부족했어. 의료진은 환자들에 둘러싸여 잠조차 잘 수 없었단다. 매일 쏟아지는 부상병들을 치료하느라 밥 먹는 시간까지 줄이며 환자에 매달려야 했지.

그런데 여자 간호사들에게 문제가 생겼어. 환자를 돌보느라 간호사들이 천 생리대를 빨아 쓸 시간이 없었던 거야. 더욱이 남자 군인들로 가득 찬 병원과 막사에 천 생리대를 빨아 널어 두기도 곤란했지.

"일회용 생리대가 있으면 좋겠어."

한숨 섞인 말을 하던 간호사들 눈에 부상병들의 피를 닦고 지혈하는 데 사용하는 병원용 솜과 거즈가 들어왔어. 솜은 흡수가 빠르니까 생리대로 활용해도 괜찮을 것 같았거든. 하지만 전쟁 중이라 솜이 턱없이 부족하다는 게 문제였어.

바로 그때 솜 대용으로 쓸 수 있는 셀루코튼이 등장한 거야. 심지어 셀루코튼은 솜보다 저렴하고 공장에서 대량 생산이 가능했지. 간호사들은 부드럽고 흡수력 좋은 셀루코튼을 거즈로 여러 겹 싸서 생리대로 사용했어.

셀루코튼 생리대는 기대 이상이었단다. 천으로 만든 생리대보다 흡수율이 좋아 행동이 자연스러웠거든. 무엇보다 세탁의 번거로움이 사라졌어. 사용한 생리대는 버리면 됐거든. 셀루코튼으로 만든 일회용 생리대는 간호사들의 필수품이 될 정도로 인기였어.

전 세계를 고통으로 몰아넣었던 전쟁이 끝나자 셀루코튼이 남아돌았어. 셀루코튼을 생산한 킴벌리사는 재고를 처리하기 위해 고민했지. 그러던 중 전쟁에 참전했던 간호사들의 대화를 듣게 됐어.

"생리 때 셀루코튼이 큰 도움이 됐어. 빨 필요도 없고 흡수력이 좋아 새는 걱정도 덜었거든."

킴벌리사는 간호사의 말에 힌트를 얻어 남은 셀루코튼으로 생리대를 만들었어. 셀루코튼을 여러 겹 말아 올린 기저귀 형태의 생리대였지. 이렇게 탄생한 것이 일회용 생리대야. 일회용 생리대는 출시되기가 무섭게 여성들의 필수품이 되며 인기를 끌었어.

　이 일회용 생리대 뒷면에 접착물을 붙여 고정이 되도록 만든 게 오늘날 우리가 쓰는 접착식 생리대란다.

케냐가 쏘아 올린 작은 공

2004년, 아프리카 동부에 있는 케냐에서 실시된 '탐폰세' 폐지로 전 세계가 떠들썩했어. 생리대나 탐폰 등의 여성용 위생용품에 부과하는 세금을 탐폰세라고 해. 대다수의 선진국에서도 이 탐폰세를 폐지하지 않았거든. 그런데 경제 개발이 한참 뒤처진 개발 도상국인 케냐에서 탐폰세를 폐지한 거야.

케냐는 2004년에 탐폰세를 폐지하고, 2011년부터는 저소득층이 많이 사는 지역 학교에 생리대를 무상으로 지급하고 있어. 케냐가 탐폰세를 폐지한 이유는 케냐 소녀들이 생리로 학교에 결석하는 것을 방지하기 위해서야.

나라마다 생리대 가격이 다르지만, 케냐에서는 생리대가 비싼 값에 팔리거든. 한 팩에 1달러나 하는 생리대 가격은 케냐에서 가난한 가족의 하루 생활비와 맞먹는 비용이야. 생활비를 포기할 수 없는 가난한 여학생들은 생리대를 사는 대신 결석을 선택했어. 생리 기간에는 학교에 가고 싶어도 생리대가 없어 갈 수가 없었지. 변변찮은 생리대로 인해 옷에 피가 묻기라도 하면 창피하기도 했고 조롱 섞인 말이 들려왔거든.

　결국 많은 여학생이 달마다 찾아오는 생리 기간에 결석을 했고, 이런 일이 반복되니 출석 일수 부족으로 상급 학교에 진학할 수 없었어. 학교에 가고 싶어도 갈 수 없는 안타까운 상황인 거지.

　학교에 가고 싶은 여학생들은 매트리스 솜이나 마른 잎, 신문지를 생리대 대신 사용해야 했어. 심지어 생리대를 돌려쓰는 경우도 있었어. 생리혈을 조금이라도 흡수한 생리대는 세균이 많아서 몸에 무척 좋지 않다는 걸 알면서도 그럴 수 밖에 없었어. 왜냐고? 학교에 가고 싶다는 마음이 더 컸거든.

　상황이 이렇다 보니 케냐 정부가 생리대 문제를 해결하기 위해 발벗고 나섰어. 여학생들이 생리 때문에 150여 일이나 결석하는 상황을 해결해야 했거든. 정부에서는 생리대 가격을 낮추고자 생리대에 부과했던 세금을 없애기로 한 거야. 여학생들이 생리 기간에도 마음 편히 등교할 수 있도록 하기 위함이었지.

　그러나 세금 폐지만으로 해결될 일이 아니었나 봐. 여전히 생리대가 비싸다는 의견이 많았어. 케냐 정부는 다시 고민에 빠졌어. 해결 방안을 찾기 위해 많은 사람이 머리를 맞대고 의논한 결과, 케냐 정부가 발표한 정책은 생리대를 무상으로 지급하는 것이었어. 여기에는 당시 교육부 장관의 의견도 한몫했어. 장관이 어렸을 때 자신과 경쟁하던 친구가 생리대 문제로 학교를 그만둔 것을 안타까워 했거든.

케냐 정부는 생리대 무상 지급을 계기로 학생들이 교육받을 수 있는 권리를 포기하지 않고 마음껏 공부하기를 희망한다고 했어. 전 세계 언론은 케냐의 생리대 무상 지급을 주요 기사로 다뤘지.

그 뒤 개발 도상국뿐 아니라 유럽과 아시아에서도 생리대 가격을 내려야 한다는 주장에 힘이 실리고 있어. 생리대 빈곤 문제를 해결하기 위해 탐폰세를 없애려는 나라도 많아졌지. 2021년 초, 영국도 탐폰세를 없애기로 했고 뉴질랜드, 프랑스, 스코틀랜드 등의 나라에서는 여성 청소년들에게 생리대를 무상으로 지급하고 있어.

우리나라에서도 생리대 무상 지급에 대한 논의가 활발히 진행되고 있어. 일부 지방 자치 단체에서는 생리대 보급 사업을 추진 중이기도 한 만큼, 우리나라에서도 생리대로 고민하는 여학생들이 없어지면 좋겠어.

생리대가 위험하다!

생리는 사춘기를 겪는 여학생들의 몸이 더 성숙해졌다는 증거이기도 해. 그러니 속옷에 생리혈이 묻었다고 당황하지 말고 '내 몸이 제대로 성장하고 있구나.'라는 긍정적인 생각과 자신감을 갖는 것이 좋아.

생리가 시작됐다면 먼저 생리대를 준비해야 해. 생리대의 종류는 무척 다양하단다. 생리의 양에 따라 크기가 나뉘고 잠잘 때 생리가 새는 것을 방지하기 위해 만든 길이가 긴 오버나이트도 있지. 과거에는 생리하는 것을 숨기는 사람이 많았지만, 요즘에는 생리를 시작하면 초경 파티를 열어 주는 집도 많아졌어.

앞서 살펴본 것처럼 고대 이집트의 파피루스 줄기 속 속대에서부터 무명천, 면으로의 변화 끝에 등장한 것이 셀루코튼으로 만든 생리대야. 일회용 생리대는 여성들의 호응을 받으며 인기 상품이 됐지.

그런데 처음 만들어진 일회용 생리대는 특수 제작된 벨트 고리에 연결해야 하는 번거로움이 있었어. 속옷에 고정된 형태가 아니라서 생리가 새는 경우도 많았다고 해.

우리나라에서는 1971년부터 생리대를 판매하기 시작했어. 곧이어 오늘날 우리가 사용하는 접착식 생리대가 나왔어. 이후 몇몇 업체가 생리대 경쟁에 뛰어들면서 생리대의 소재와 형태가 다양해졌단다.

생리대가 다양해진 만큼 끊이지 않는 논란이 있어. 바로 생리대의 안정성이야. 사회단체들이 생리대가 여성의 건강을 위협한다고 꾸준히 주장했지만, 이를 뒷받침할 연구 자료나 근거가 부족했어. 그래서 여성들은 불안에 떨면서도 생리대를 사용해야 했지.

그러던 2017년, 생리대 안정성에 대한 논란이 사회적으로 크게 일었단다. 당시 판매된 생리대 중 일부에서 건강과 환경에 해를 끼치는 휘발성 유기 화합물이 검출됐다는 발표가 나왔거든. 이때 생리대 불매 운동이 일어나기도 했어. 이에 정부는 판매 중인 생리대를 자체적으로 검사했고 '모두 인체에 유해하지 않는 수준'이라고 결론지었어.

그러나 많은 여성이 생리대의 유해성에 대한 의심을 거두지 않았어. 정부와 사회단체의 긴 싸움에 여성 소비자들의 불만과 불신만 늘어날 뿐이었지.

이런 상황 속에 과거 생리대로 문제가 됐던 사건이 다시 한 번 수면 위로 떠올랐어. 바로 1980년대에 미국에서 발생했던 독성 쇼크 증후군 사건이야. 독성 쇼크 증후군은 당시 탐폰을 사용하던 여성들에게 나타난 증상이었어.

탐폰은 흡수가 뛰어난 솜뭉치를 몸 안에 넣는 형태의 생리대야. 그런데 몸 안에 넣다 보니 따뜻한 체온으로 세균이 번식하기 좋은 환경을 만들어 주면서 쇼크 증상을 일으킨 거야. 당시 이 독성 쇼크 증후군으로 수십 명이 사망하자 미국에서는 독성 쇼크 증후군에 대한 경고문을 탐폰 포장지에 표시해 사망자 수를 줄였다고 해.

우리나라에서도 생리대 파문 이후 생리대 포장지에 성분을 표시해야 하는 전 성분 표시제가 도입됐어. 몸에 직접 닿는 생리대임에도 불구하고 그동안 성분 표시를 하지 않아 소비자들이 불편을 겪었다는 것을 인정한 셈이지.

마지막으로 짚고 넘어가야 할 것이 있어. 바로 생리대 교체 시기야. 이건 몸에 해가 되지 않는 생리대를 고르는 것만큼 중요하거든. 착용 중인 생리대는 미생물이 자라기 좋은 환경이라 건강을 해칠 수 있으니, 양이 많은 날은 2~3시간마다 교체해 주는 것이 좋아. 양이 적은 날도 마찬가지야. 생리대 회사의 권장 시간은 3시간 정도라고 하니 이에 잘 맞춰서 사용하도록 해.

생리대 유해성 논란 이후 생리대를 고르는 기준이 달라졌어. 논란 이전에는 유기농이라고 표기된 생리대에 무작정 손을 뻗었지만, 지금은 많은 사람이 성분 표시를 꼼꼼히 살피게 됐거든. 과거에 사용했던 면 생리대가 다시 등장하기도 했어. 빨아 써야 하는 번거로움과 자주 교체해야 하는 수고로움이 있지만, 유해성 논란에서 해방될 수 있는 방법이라 생각하기 때문이야. 환경에도 도움이 되고 말이야.

생리컵도 일회용 생리대의 대안으로 떠올랐어. 하지만 생리컵의 특성상 신체 구조에 맞지 않으면 활용이 힘들어서 아직은 사용자가 많지는 않아.

생리대는 여성들에게 꼭 필요한 필수품이야. 매달 생리로 고생하는 여성들의 수고로움을 덜어 주는 생리대가 이왕이면 몸의 건강을 해치지 않고 위생적이었으면 하는 바람이란다.

9장
생수

1인 가구가 늘면서 편의점 매출이 높아진 것 중 하나가 바로 생수야. 깨끗한 물은 우리의 삶에 꼭 필요해. 고대 로마에서는 깨끗한 물을 도시로 끌어오기 위해 수도교를 만들 정도였지.
그럼 지금부터 로마의 역사 속으로 들어가 볼까?

깨끗한 물을 찾아 나선 로마

고대 로마는 테베레강 연안의 작은 도시 국가에서 시작됐어. 로마 설화에 의하면 테베레강에 버려진 쌍둥이가 늑대의 젖을 먹고 자라 나라를 세웠는데, 형 로물루스의 이름을 따 도시의 이름을 로마라고 지었다고 해.

로마는 초기에 왕이 절대적인 힘을 행사하는 왕정 체제였어. 귀족들은 왕을 견제하는 역할을 했지. 그런데 힘을 키운 몇몇 귀족이 정치에 참여하며 목소리를 높이자 사회가 혼란스러워졌어. 왕과 귀족들의 힘겨루기에 애꿎은 평민들만 힘든 시간을 보내야 했지.

로마는 활발한 정복 전쟁으로 영토를 넓혔고, 넓어진 영토로 상업이 발달하자 권력을 가진 부유한 평민이 늘기 시작했어. 그걸 계기로 기원전 510년, 마침내 로마인들은 절대 권력이었던 왕을 추방하고 공화정을 채택했어.

공화정은 왕 없이 시민의 대표가 통치하는 정치인데, 이 시기가 로마의 황금기야. 이탈리아반도부터 북아프리카, 그리스, 이베리아반도까지 넓은 영토를 차지했거든.

그런데 나라가 커질수록 늘어난 인구와 함께 쓰레기와 각종 오물도 늘어났어. 당연히 물도 더러워졌지. 더러워진 물로 인해 먹을 물이 부족해졌고 전염병이 돌아 사람들의 건강을 위협했어.

황제와 정치가들은 깨끗한 물을 제공할 수 있는 수원지를 찾아야만 했

지. 수원지 후보로 거론된 곳들의 물 색깔이 어떤지, 불순물은 얼마나 있는지 관찰하고, 자연환경과 주변 사람들의 건강도 점검했어. 병에 담아 둔 물이 얼마나 오랫동안 상하지 않는지도 관찰했단다.

 그렇게 모든 조건에 맞는 수원지가 결정되면 수도관을 설치했어. 도시와 멀리 떨어진 수원지로부터 물을 끌어오기 위해 경사를 이용해서 물이 지나가는 다리도 만들었지. 수로가 연결되는 길이 산으로 막혀 있으면 터널을 뚫고 계곡에는 다리를 놓았어. 이 다리를 '수도교'라고 해.

 수원지에서 끌어온 물은 저수조에 모아 불순물을 가라앉혔어. 저수조를 지하에 만들기도 했는데, 전쟁 중에 수도가 파괴되는 것을 막기 위해서였지. 불순물이 걸러진 깨끗한 물은 공공용과 황제용, 개인용으로 나눠 보급했어. 공공용 물은 도시 곳곳의 분수나 공중화장실, 공동 수조에

공급해 시민들이 함께 사용할 수 있도록 했어. 시민들은 집과 가까운 공동 수조의 물을 쓸 수 있다는 것만으로도 행복해했지.

개인용 물은 귀족들이 돈을 지불하고 집까지 수도관을 연결해 사용하는 용이었어. 집안 곳곳에 연결된 수도는 생활의 편리함을 가져왔어. 황제용 물은 이름처럼 황제만 사용하는 것은 아니었단다. 황실뿐 아니라 공중목욕탕에서도 사용했지. 로마 시민들은 공중목욕탕에서 회의를 하거나 친목 도모를 위한 모임을 자주 가졌다고 해. 만약 물이 없었다면 공중목욕탕이나 공중화장실도 만들어지지 않았을 거야.

수도의 보급으로 로마 시민들의 삶은 한층 편해졌단다. 물로 인한 전염병들도 사라져 걱정 없이 물을 마시게 됐지. 물 때문에 생기는 다툼도 사라졌어. 수도교를 통해 들어온 물은 도심 이곳저곳을 가로지르며 로마의 부와 경제를 성장시키는 힘이 됐어.

하지만 5세기경, 로마가 기울기 시작하면서 침략자들이 도심 곳곳에 설치된 수도 시설을 파괴해 버렸단다. 하지만 다행스럽게도 오늘날까지 굳건히 남아 세계 문화 유산으로 등재된 수도교도 있어. 그 덕분에 로마의 기술력이 세계에 알려지는 계기가 됐지.

우물의 오염으로 시작된 수돗물

물을 '생명수' 또는 '생명의 근원'이라고 하잖아? 그만큼 물은 모든 생물체에게 꼭 필요해. 물이 없다면 그 어떤 생물체도 지구에 존재하지 못한단다.

조선 시대에는 지하수를 끌어 올리기 위해 땅을 깊게 파거나 바위틈으로 흐르는 물을 가지고 우물을 만들었어. 이 우물물을 이용해 밥을 짓고, 설거지를 하고, 목을 축였지.

조선 초기의 우물은 식수로 안성맞춤이었어. 특히 수도 한양은 동쪽에 타락산, 서쪽에 인왕산, 남쪽에 목멱산, 북쪽에 백악산을 둬 사방으로 늘 물이 흘렀거든. 산에서 흐르는 물줄기가 도성 안으로 모여 개천을 이뤘는데, 그게 바로 오늘날에도 서울 중심으로 흐르는 청계천이야. 청계천의 물은 한양 곳곳을 누비며 왕과 백성들의 생명수로 자리매김했지.

그런데 이렇게 중요한 청계천에 문제가 생기기 시작했어. 1446년, 세종

대왕 때 일이야. 청계천에 쓰레기나 더러운 물을 버리는 사람들이 생기자, 정부 관료들은 세종대왕에게 더러운 물을 버리지 못하게 하고 오물을 버릴 수 있는 곳을 만들어야 한다고 했어. 오물을 버릴 수 있는 곳이 있어야 물의 오염을 막고 백성들의 건강을 살필 수 있다고 말이야.

고심하던 세종 대왕은 건의를 받아들여 청계천을 식수로 사용하지 못하도록 했어. 오물도 문제였지만, 홍수와 가뭄으로 강물이 넘쳐 바닥을 드러내는 일이 잦아 오염의 위험이 높다는 게 그 이유였지. 세종 대왕의 명령으로 청계천은 목욕을 하거나 빨래터로만 사용했어.

마을의 생명수였던 우물도 사정이 다르지 않았어. 사람들이 우물물로 설거지와 빨래를 하면서 더러운 물이 땅으로 스며들기 시작했거든. 또 가축의 오물이 땅속으로 스며들며 지하수를 오염시키기도 했어.

조선 후기에 들어서는 한양을 찾는 사람들이 점점 더 많아져 쓰레기가 늘어났고 곳곳에서 폐수가 쏟아졌어. 그래서였을까?

1821년 7월 여름, 평안도에서 '콜레라'가 퍼지기 시작했어. 몸을 뒤틀거나 설사와 구토 증상을 보이며 목숨을 잃는 사람들이 생겼지. 환자를 간호하던 가족도 콜레라에 전염되며 순식간에 감염자가 전국으로 퍼져 나갔어.

평안 감사의 보고가 한양에 도착하기도 전에 콜레라는 한양을 넘어 부산, 제주도까지 퍼질 정도였지. 많은 사람이 이유도 모른 채 죽어갔단다. 병의 원인과 치료 방법조차 몰랐던 만큼 병에 대한 사람들의 두려움도 컸어.

조선 후기의 정치가 유길준은 《서유견문》이라는 책에서 '전염병이 전쟁보다 더 무서운 것'이라고 기록하기도 했어. 당시 콜레라로 죽은 사람들이 30만 명이 넘었기 때문이지.

조선 팔도를 휩쓴 콜레라는 겨울에 들어서자 힘을 잃었다가 이듬해 4월, 다시 극성을 부렸어. 1885년에서야 사람들은 콜레라의 원인이 오염된 물이라는 것을 알게 됐지. 마침내 깨끗한 물의 중요성을 알게 된 거야.

불안한 마음에 너도나도 깨끗한 물을 찾자 물장수라는 직업이 등장할 정도였어. 오염되지 않은 깨끗한 물은 마을로부터 멀리 떨어진 곳이나 깊은 계곡에서 길어 와야 했거든. 그래서 물장수가 물을 아침저녁으로 길어다 주거나 길어온 물을 팔면서 물값을 받은 거야. 이들을 '북청 물장수'라 불렀는데, 물장수로 활동했던 사람들 중 함경도 북청에 살던 사람이 많았기 때문이란다.

고종 황제도 물 오염의 심각성을 알고 있었어. 그래서 상수도 시설을 만들기 위해 미국의 사업가 콜브란과 보스트위크에게 상수도 특허권을 주었지. 마침내 1908년, 오늘날 뚝섬에 우리나라 최초의 정수 처리장이 만들어단다.

　이렇게 시작된 수돗물이 100여 년이 지난 지금, 우리의 생명수로 자리 매김한 거지. 단순히 깨끗한 물을 우리에게 주는 것뿐만 아니라, 수많은 질병으로부터 우리를 지켜 주는 수돗물이야말로 인류 역사에서 가장 빛나는 발명품이지 않을까?

생수 전쟁이 일어났다!

'그동안 국내에서 금지됐던 생수 판매를 허용한다.'

우리나라에서 생수 판매가 금지된 시절이 있었다는 게 믿어지니? 그동안 수돗물이나 지하수를 먹던 우리나라는 1988년 서울 올림픽 기간에 처음으로 생수를 판매했어. 왜냐고? 외국 선수들이 한국 수돗물의 안전성을 믿을 수 없다고 했거든.

올림픽이 끝나자 생수 판매는 다시 금지됐어. 생수가 비싼 탓에 빈부 격차를 만들 수 있다는 이유에서였지. 그러나 많은 사람이 수돗물의 안전성을 의심하며 생수 판매를 허용해야 한다고 했어. 이런 시기에 사람들의 의심이 현실로 나타나는 사건이 일어났어.

1991년 구미에 위치한 한 전자 회사에서 독성이 강해 위험한 페놀 원액을 30톤이나 낙동강으로 흘려보낸 거야. 낙동강은 대구와 부산의 식수원으로 아주 중요한 역할을 하는 강이야. 낙동강에 흘러든 페놀 원액으로

생수 • 125

낙동강 일대의 수돗물에서 악취가 진동했고, 피부암 발병률이 높아졌지. 사람들은 생수 판매를 허용해야 한다고 강하게 외쳤어.

이런 주장은 정부와 물 관리 전문가, 생수 회사 간의 다툼으로까지 이어졌어. 생수 회사가 법원에 생수를 판매하게 해 달라고 소송을 제기했거든. 법정으로 간 생수 판매 소송은 7년 동안 이어졌고 '생수 판매 금지는 물을 마실 권리를 침해한다.'는 판결로 끝이 났어. 마침내 생수 판매의 길이 열린 거야.

전 세계에서 판매되는 생수의 종류는 미네랄워터, 빙하수, 정화수, 알칼리워터 등 무척 많단다. 세계에서 가장 많은 물 종류를 가진 이탈리아에만 무려 600여 종의 물이 있고, 우리나라에도 300여 개가 넘는 생수 브랜드가 있다고 해. 그 덕분에 사람들의 가방에는 다양한 생수병이 들어 있지. 생수 시장이 커지면서 생수의 맛만으로 생수 브랜드를 알아내는 물 소믈리에라는 직업도 등장했단다.

이렇게 생수 시장이 커진 이유는 사람들이 더 이상 수돗물을 깨끗하다고 믿지 않기 때문이야. 오염된 강과 오래된 수도 배관 등의 이유로 수돗물은 마시는 물로 적합하지 않다는 의견이 많거든. 건강에 대한 관심이 높아진 것도 이유라고 할 수 있어. 건강에 좋지 않은 설탕이 들어간 음료나 탄산음료보다 물을 마시는 사람이 늘어난 거야.

다양한 쇼핑 방법도 한몫했어. 온라인 쇼핑이 지금처럼 활발해지기 전에는 무거운 생수를 들고 집에 가려면 큰 불편함이 있었어. 하지만 이제는 온라인 쇼핑으로 쉽고 편하게 집까지 배달이 가능해졌잖니? 그러자 생수 회사뿐 아니라 식품 회사와 마트에서도 자체 브랜드를 내세운 생수를 출시했어. 저렴한 값에 무료 배달을 내세워 생수 전쟁에 뛰어든 거지.

가족 구성원이 적어지고 사회 활동이 늘어난 것도 생수 시장을 성장시켰어. 구성원들이 집보다 밖에서 보내는 시간이 많고 정수기를 사용하자니 점검 때마다 일정을 맞추기가 힘들다는 거야. 그래서 생수가 편하다고 말하는 사람이 많아.

생수 회사들은 소비자의 욕구에 맞춰 가격을 낮추거나 다양한 용량의 생수를 출시하고 있어. 좋고 건강한 물을 만들기 위해 생수 회사 연구소 불은 오늘도 꺼지지 않고 있지.

10장
우산

갑자기 내리는 비 때문에 난감했던 경험, 한 번쯤은 있었을 거야. 갑작스러운 폭우를 만난 사람들은 가방을 머리에 이고 편의점을 찾곤 해.
최근 편의점의 계절 상품이라 할 수 있는 우산이 변하고 있어. 일회용 비닐우산 뿐 아니라, 질 좋은 우산도 판매하고 있지. 우산에는 또 어떤 이야기가 담겨 있을까?

조선을 흔든 별난 우산 이야기

우산에 얽힌 재미난 이야기를 하나 해 줄게.

이 이야기는 개화기로 거슬러 올라가. 개화기는 강화도 조약 체결 이후부터 일제 강점기에 들어서기 전까지의 시기를 말해. 강화도 조약은 1876년 2월 27일, 조선과 일본 사이에 체결된 조약이야. 우리나라가 외국과 체결한 최초의 조약이지. 강화도 조약으로 조선은 부산, 인천, 원산의 항구를 개방해야 했어.

미국, 영국 등과도 조약을 맺으며 굳게 닫혔던 조선 항구의 문이 마침내 열렸어. 그러자 조선을 찾는 외국인들도 많아졌지. 외국인들 중에는 여행이 목적인 사람들도 있었고, 왕이나 대신들의 정치 자문을 맡은 사람들도 있었어. 또 건축가와 과학자, 의사, 외교관 등 다양한 사람이 조선을 찾았지.

그들은 서양의 문화와 물건들을 조선에 들여왔어. 그 영향으로 조선 사람들은 점차 한복 대신 양복을 입고, 갓 대신 모자를 썼어. 양반가를 중심으로는 만두와 찐빵, 어묵과 단무지, 커피 같은 음식이 퍼졌어.

교육에도 변화가 찾아왔어. 1886년에는 정부에서 미국인 교사 세 명을 초빙해 근대식 공립 교육 기관인 육영 공원을 만들었어. 미국 선교사들은 '배재 학당'과 '이화 학당'을 세워 교육에 변화를 일으켰지. 외국 선교사들은 서당에서 한자 위주로 공부하던 아이들에게 영어와 과학 같은 신학문을 가르치며 교육의 필요성을 알리려 애썼어.

그러던 어느 날, 생각지도 못한 일이 일어났단다. 오랜 가뭄으로 땅이 갈라지고 곡식이 메말라가던 때였어. 백성들은 아침저녁으로 비를 내려 달라 기도했지. 임금도 기우제를 지내며 애타게 비를 기다렸어. 가뭄에 지쳐 하루하루를 버티던 어느 날, 드디어 비가 내리는 거야. 백성들의 얼굴이 오랜만에 환해졌지. 비를 맞으며 덩실덩실 춤을 추는 이들도 있었어. 그런데 오랜만에 내린 비에 들떠 있던 사람들의 표정이 갑자기 굳기 시작했어.

사람들은 마을을 지나던 외국인 선교사의 앞을 가로막았어. 그리고 선교사가 들고 있는 우산을 빼앗으며 소리쳤지.

"하느님을 믿는다는 사람이 비를 막아? 이런 무식한 사람들 때문에 하늘이 화난 거 아니야!"

사람들이 우악스럽게 달려드니 외국인 선교사들은 얼마나 무서웠겠니?

"비 오는 날 우산을 쓴 것이 죄가 되나요?"

선교사가 말을 마치기도 전에 사람들의 발길질이 날아왔어. 도망갈 틈도 없이 바닥에 뒹굴게 된 선교사 주변으로 사람들이 몰려들었지. 사람들은 선교사를 때리며 외쳤어. 하늘이 가뭄으로 지쳐 있는 곡식과 사람들을 불쌍히 여겨 귀한 비를 내려 주는데, 어찌 하늘이 주는 복을 가릴 수 있냐며 말이야. 하늘의 뜻도 모르는 사람은 하느님을 믿을 자격도 없으니 혼을 내서라도 가르쳐야 한다고도 했지.

몸을 웅크리며 발길질을 피하던 선교사가 우산은 비 오는 날 쓰는 것이라고 외쳤어. 그러나 화난 사람들의 귀에 그런 말이 들릴 리가 없었지. 이 사건은 〈독립신문〉에도 기사로 실렸어.

하지만 선교사들은 그 뒤로도 비 오는 날이면 우산을 썼고, 그때마다 사람들은 우산을 쓰는 선교사들을 때렸지. 호되게 당한 선교사들은 결국 비 오는 날 아예 외출을 하지 않거나 비를 맞으며 다녔다고 해.

지금이야 너무한 거 아닌가 싶지만, 농경생활을 하던 조선 시대에는 하늘이 내리는 비를 막는 행동은 감히 상상도 못할 일이었을 거야.

우산에 얽힌 또 다른 사건은 배화 학당에서 일어났어. 당시 조선 양반가 여인들은 외출이 금지돼 있었지만, 부득이하게 외출을 할 경우 쓰개치마를 써야 했어. 쓰개치마는 통치마와 같은 것으로, 끈이 달려 있어 얼굴 둘레를 감싸도록 돼 있어.

그런데 이화 학당을 시작으로 연동 여학교에 이어 배화 학당에서도 쓰개치마 사용을 교칙으로 금했어. 그러자 이를 반대하는 학부모들의 항의가 이어졌고 급기야 자퇴하는 학생들도 생겼어.

이에 배화 학당에서 고민 끝에 내놓은 것이 우산이었어. 여학생들에게 우산을 제공해 얼굴을 가리는 도구로 사용하게 한 거지. 배화 학당의 시도는 성공했고, 점차 쓰개치마는 사라졌어. 오히려 얼굴도 가리고 비도 막고 멋까지 낼 수 있다며 우산은 신교육과 신여성의 필수품으로 떠올라 여성들이 갖고 싶어 하는 물건이 됐단다.

민주화의 열망을 우산에 담은 홍콩 사람들

홍콩에 갈 계획이 있다면 빅토리아 피크에 꼭 가 보라고 하고 싶어. 빅토리아 피크는 영국의 식민지 시절에 만들어진 곳이라 서양 분위기를 듬뿍 느낄 수 있거든. 게다가 홍콩에서 가장 높은 곳에 위치해 홍콩 전경을 한눈에 볼 수 있고, 더위도 피할 수 있어서 많은 사람이 찾는 곳이야.

홍콩이 중국이 아니라 영국의 식민지였다니, 조금 생소하게 느껴지지? 그런데 홍콩이 영국의 지배를 벗어난 건 1997년에 들어서였으니 아주 오래전 일도 아니야. 그런데 이때부터 문제가 생겼어. 지배에서 벗어나면 기뻐야 할 텐데 왜 문제가 생긴 걸까? 바로 체제의 변화 때문이야.

영국의 지배 당시 경제적인 자유가 있는 자본주의 체제의 홍콩이 중국에 반환되면서 개인의 재산이 인정되지 않는 사회주의 체제로 변할 위기에 놓인 거야. 그래서 홍콩 시민들은 자본주의 체제를 유지하기 위해 혁명을 일으켰어. 이것을 '우산 혁명'이라고 해. 그런데 왜 하필 우산일까?

지금부터 홍콩 사람들이 우산을 들었던 이유와 영국의 식민지로 들어서게 된 이야기를 들려줄게.

19세기 무렵, 서양의 강대국들이 아시아와 아메리카 대륙으로 가는 새로운 항로를 찾으면서 중국에 검은 그림자가 드리웠어. 영국이 무역을 독점하기 위해 세운 동인도 회사가 중국 광둥성 근처에 무역항을 만들었거든. 영국은 무역항을 장악해 중국을 손에 넣으려는 계획을 세웠지만 뜻대로 되지 않았어. 왜냐고?

당시 영국의 주요 수출품은 면직물이었는데, 면은 중국에도 많았거든. 반대로 중국의 주요 수출품인 차와 도자기, 비단은 영국인들이 좋아하는 것들이었어. 그렇다 보니 수출보다 수입이 많아져 영국의 많은 은화가 중국으로 흘러갔지.

영국은 은화를 되찾기 위해 중국에 아편을 팔기로 했어. 중독성이 강한 아편은 순식간에 중국을 휩쓸었고, 중국 사람들은 웃돈을 얹어서라도 아편을 구하려 했어. 아편에 중독된 중국은 나라 전체가 혼돈에 빠졌지. 중국 정부가 나서서 외국 상인들에게 아편을 팔지 못 하게 했고 수입도 금지하라 명했어.

중국의 강력한 아편 금지 조치에 화난 영국은 아편 수입 금지를 빌미 삼아 중국을 공격했단다. 이렇게 시작된 전쟁이 '아편 전쟁'이야. 아편 전쟁은 영국의 승리로 돌아갔고, 영국이 홍콩을 차지하는 계기가 됐지. 영국은 홍콩을 자신들의 땅이라 여기며 무역의 중심지로 성장시켰어. 또 영국의 교육 제도를 홍콩에 퍼뜨리며 홍콩이 성장하는 데 공을 들였지.

그러던 중 제2차 세계 대전이 일어났어. 이때 잠시 일본이 홍콩을 지배

하기도 했어. 하지만 1945년 8월, 원자 폭탄으로 큰 피해를 입은 일본이 연합국에 항복하면서 홍콩은 다시 영국의 지배를 받게 됐단다.

시간이 흘러 전 세계적으로 식민 지배 문제에 대한 인식이 확산되자 영국의 지배를 받고 있는 홍콩도 중국에 돌려줘야 한다는 목소리가 커졌어. 그리고 1982년, 마침내 홍콩 반환 협상이 시작됐지.

영국은 협상이 진행되는 내내 홍콩이 공산화될 것을 우려했어. 그렇게 되면 영국이 공들여 발전시킨 모든 것이 물거품이 될 테니 걱정하는 것도 무리가 아니었지. 그러자 중국이 '일국양제'를 제안했어. 일국양제는 한나라에 두 개의 제도가 있다는 뜻이야. 중국과 홍콩은 하나의 나라이긴 하지만 중국은 사회주의(공산당)를, 홍콩은 자본주의를 채택해도 된다는 의미지.

중국은 일국양제를 내세우며 홍콩의 자치를 인정해 공산화시키지 않겠다고 영국에 약속했어. 영국은 중국의 제안을 받아들여 홍콩을 반환하기로 했지. 홍콩이 드디어 영국을 벗어나 스스로 설 수 있는 기회를 잡은 거야.

1996년 12월, 홍콩을 반환받은 중국 정부는 홍콩을 다스릴 초대 행정 장관 선거를 하기로 했어. 선거 방식은 선거인단이 대표로 행정 장관을 선출하는 간선제 방식이었지.

그런데 중국 정부가 발표한 행정 장관을 뽑는 선거인단이 어딘지 이상했어. 대부분의 선거인단이 공산당으로 구성돼 있었거든. 홍콩 시민들은 분노할 수밖에 없었단다. 화가 난 홍콩 시민들은 시민들의 손으로 직접 투표해 행정 장관을 뽑을 수 있는 직선제를 요구하며 시위를 벌였어.

홍콩 시민들의 분노에 놀란 중국 정부는 직선제를 받아들였지. 그러나 이것은 속임수였어. 행정 장관으로 출마하겠다는 사람들은 모두 중국 정부가 지정한 사람들이었거든. 홍콩 시민들은 일국양제를 무시하고 홍콩을 중국 마음대로 움직이려 한다며 다시 목소리를 높였어. 성난 시민들이 거리에 모여 중국 정부를 비판했지.

"일국양제를 존중하라."

"홍콩의 자치를 인정하라!"

"홍콩의 민주화가 죽어가고 있다!"

홍콩의 대학들이 동맹 휴학을 선언했고, 학생들은 시위에 합류했어. 그러자 중국 정부는 시위대를 막겠다며 경찰을 출동시켰지. 시민들을 달래도 모자랄 판에 시위대에 기름을 부은 거야. 곳곳에서 시위대와 경찰이 충돌했고 시민들은 중국 정부에 대한 비판을 이어갔어.

시위가 거세지자 경찰은 시위대에게 최루탄을 쏘았지. 최루탄 가스가 거리를 가득 메웠고 부상당한 사람들도 속출했어. 경찰의 거센 반격에 시위대는 하나둘 흩어졌단다.

그런데 그때, 엄청난 일이 일어났어. 달아났다고 생각했던 홍콩 시민들이 우산을 들고 나타난 거야. 검정 우산을 든 홍콩 시민들은 최루탄을 우산으로 막으며 나아갔어. 우산으로 최루탄 가스를 막을 수 없다는 것을 알지만, 이대로 물러설 수 없다는 의지를 우산에 담은 거지. 이 사건을 우산 혁명이라고 해.

홍콩 시민들이 우산을 들고 민주주의를 지키기 위해 싸웠지만 안타깝게도 시민들의 뜻대로 되지는 않았어. 중국 정부가 의지를 굽히지 않았

거든. 중국은 자신들이 제시한 일국양제를 자신들이 저버린 꼴이 됐지.

하지만 우산 혁명은 '중국은 일국양제를 존중하라!'라는 목소리가 전 세계에 울려 퍼지는 계기가 됐단다.

우산이 변했어요

혹시 자주 잃어 버리는 물건이 있니? 아마 사람들이 자주 잃어 버리는 물건들 중 하나가 우산일 거야.

우산은 비 올 때 꼭 필요한 물건이지만, 비가 그치면 다들 우산을 챙겨야 한다는 생각도 멈추나 봐. 과거에 우산은 동서양 모두 하늘이 내린 권력이라는 의미로 왕의 행차나 종교 행사에 사용됐어. 물론 우리가 비 올 때 쓰는 그런 우산이 아니라, 화려하고 크기도 훨씬 컸지.

고대 이집트 조각상에 파라오라 칭하는 왕이 양산 아래 있는 모습이 남아 있기도 하고, 인도의 왕들은 2000여 년 전부터 왕위에 오르는 즉위식에서 흰 우산을 받았다고 해. 또 고대 중국에서는 황제가 사냥에 나설 때 스물네 개의 양산 행렬이 황제의 뒤를 따랐고, 일본에서는 왕이 궁전 밖으로 행차할 때 시종들이 절대 권력을 상징하는 붉은 양산을 받쳤다는 기록도 있어.

기원전 5세기 무렵에는 우산이 여성들의 패션 용품으로 사용됐어. 당시에는 여성들만 우산을 쓴다는 인식이 강해서 남성들은 비가 와도 그냥 비를 맞거나 외투를 덮어 썼단다.

그런 우산에 대한 인식을 바꾼 사람이 있어. 바로 영국의 조나스 한웨이라는 사람이야. 한웨이는 당시 여성스러움의 상징이던 우산을 매일 쓰고 다녔다고 해. 사람들은 남성답지 못하다고 손가락질하거나 비웃었지. 비 오는 날 마차 수입이 줄까 염려했던 마부들은 우산 쓴 한웨이에게 오물이나 돌을 던지기도 했어.

한웨이는 사람들의 편견과 싸우면서도 꿋꿋하게 우산을 쓰고 다녔단다. 그리고 마침내 사람들은 우산의 필요성을 깨닫기 시작했고 남성들도 우산을 들고 다니게 됐어.

우리나라에서도 우산은 왕과 귀족들만 사용할 수 있는 물건이었어. 우산이 귀했던 시기에 백성들이 우산 대신 사용했던 것은 삿갓과 도롱이였어. 도롱이는 볏짚이나 줄기가 질긴 풀을 촘촘하게 엮어 빗물이 스며들지 않도록 만들어 어깨에 걸치는 것인데, 오늘날의 비옷과 같은 거지. 도롱이는 장대비가 쏟아져도 옷이 젖지 않아. 촘촘하게 엮은 짚이 여섯 단으로 짜여 있어 빗방울이 도롱이에 닿자마자 줄기를 따라 흘러내리거든. 도롱이는 비닐우산이 등장하면서 사라졌어.

우리나라에 비닐우산이 등장한 건 1960년대야. 이때의 우산은 대나무 살에 파란색 비닐을 붙인 우산이었어. 비가 오면 시장 입구나 버스 정류장에는 어김없이 우산 장수들이 나타났지. 파란 비닐우산을 한아름 옆구리에 낀 우산 장수들에게는 이때가 돈을 벌 수 있는 절호의 기회였지.

우산 장수들 사이에는 집안 사정이 어려워 돈을 벌어야 했던 아이들도 여럿 있었어.

당시 40원이었던 파란 비닐우산은 꽤 인기 있는 물건이었어. 비록 오래 쓰지는 못했지만, 비를 피할 수 있는 요긴한 물건이었으니 말이야. 그런데 1970년대 들어서면서 비닐우산에 대한 불만이 늘어났어. 우산이 바람에 자주 뒤집히는 바람에 옷이 젖어 버리는 경우가 많았거든.

심지어 몇몇 우산 장수는 쓰다 버린 우산을 주워 되팔기도 했지. 그러다 보니 새로 산 우산임에도 잘 펴지지 않거나 찢어져 구멍이 나 있는 경우가 더러 있었어. 게다가 평상시 40원 하던 우산이 비오는 날이면 60원을 주고도 살 수 없을 때가 많았지. 이에 뿔난 시민들은 서울 시장에게 이렇게 편지를 썼어.

> 동네 아주머니들도 요즘 비닐우산은 한 번 이상 사용하기 힘들다는 말을 하고 있습니다. 다행히 뒤집어지지 않아 그대로 집에 놔두면 대가 썩기도 합니다. 또 어떤 우산은 비닐 테두리가 넓기도 하고 어떤 것은 꼬마들조차 혼자 쓰기가 힘들 만큼 작은 것도 있습니다. 우산의 규격이나 품질을 일정하게 하고 가격을 규제할 길은 없는지요?
>
> (1974년 6월 5일 경향신문에 수록된 편지)

그래서 등장한 우산이 오늘날 우리가 쓰는 우산 형태인 철로 만든 우산대에 검정 천을 씌운 우산이었어. 가격은 비닐우산에 비해 열 배가 넘었지만, 여러 번 쓸 수 있다는 장점에 사람들은 당시 600원이 넘는 돈을 주고도 우산을 샀어.

그런데 이번에 또 다른 문제가 생겼어. 비 오는 날 우산을 쓰면 티셔츠에 검은 얼룩이 생기는 거야. 우산에 사용된 천의 염색이 제대로 돼 있지 않아 빗물에 검은 염색약이 함께 흘러내렸거든.

많은 사건 속에 정부는 우산을 사전 검사 대상 품목으로 지정했어. 검사에 합격한 제품에 한해서만 '검' 자 마크를 붙여 판매하도록 했지. 이때부터 우산의 품질과 디자인이 좋아졌다고 해.

1990년대에는 산성비 논란으로 우산을 꼭 쓰고 다녔어. 대기 오염으로 산성비가 내리는데, 이 비를 맞으면 머리카락이 빠진다는 기사가 많았거든. 사람들은 겨울에도 눈을 맞지 않기 위해 우산을 사용하기 시작했어. 자연스럽게 겨울에도 우산 판매가 늘어났지.

21세기에 들어선 지금은 우산이 패션 소품으로 다시 인기를 얻고 있어. 세련된 디자인과 화려한 우산으로 비 오는 날 패션에 포인트를 주는 거지. 우산의 크기도 장우산부터 휴대하기 편한 2단, 3단, 4단 등의 접이식 우산까지 선택의 폭이 넓어졌어.

C 자형 우산도 출시됐는데, 이 우산은 손잡이가 C 자 모양으로 돼 있어서 손목이나 팔에 끼울 수 있어. 아동용이나 캐릭터 우산도 있고 빗방울의 양에 따라 색이나 모양이 변하는 우산도 있지. 우산에 사용하는 원단은 견고하게 방수 처리를 해 비가 새는 것을 완벽히 막았어.

최근에는 우산을 접었을 때 빗물이 떨어지는 것을 방지하기 위해 이중 차단막을 사용한 우산도 있어. 우산을 접었을 때 젖지 않은 안쪽 천이 바깥으로 나오게 디자인한 거지.

 이렇게 수많은 우산 중 친구들의 마음을 사로잡은 우산은 어떤 것인지 궁금하구나.

편의점을 나가며

편의점에서 안 되는 게 뭐야?

편의점은 집이나 학교 근처에서 쉽게 찾을 수 있고 24시간 언제든 이용할 수 있어. 그 덕분에 우리는 무척 편리한 생활을 하고 있지.

사실 우리나라는 1989년, 서비스 업종에 대한 심야 영업을 금지했었어. 대신 라면처럼 간단하게 먹을 수 있는 먹거리나 생필품은 심야에도 판매할 수 있었지. 이때 등장한 것이 편의점이야.

1989년 5월, 서울 송파구에 있는 올림픽 선수촌점을 시작으로 우리나라에도 편의점 시대가 열렸어. 사람들은 다양한 물건을 24시간 내내 파는 작은 가게에 대한 호기심으로 편의점에 들렀다가 동네 슈퍼나 마트보다 비싼 가격에 놀랐어. 그래서일까? 사람들은 편의점 식품보다 길거리 음식을 선호했고, 여전히 마트와 문구점을 이용했지.

1990년대에 들어서자 편의점에 작은 변화가 생겼어. 은행에 가지 않고 수도나 전기 요금 같은 공공요금을 낼 수 있게 된 거야. 편의점 안에 라면과 삼각 김밥 같은 간편식을 먹는 공간도 생겼지. 집이나 식당에서만 조리해 먹을 수 있다는 상식을 깬 변화에 학생과 직장인들의 발길이 편의점으로 향했어.

학생들이 편의점을 찾는 또 다른 이유는 큰 종이컵에 따라 주는 탄산음료와 잘게 부순 얼음에 과즙과 우유, 설탕을 섞어 만든 슬러시 때문이었어. 톡 쏘는 탄산의 맛과 새로운 형태의 아이스크림을 먹는 것이 멋지게 보였거든. 늦게 퇴근하는 직장인들은 공공요금을 내기 위해 편의점을 찾았지. 늦은 시간에도 문을 여니 원하는 시간에 언제든 갈 수 있었어.

2000년대에 들어 '나홀로족'이라 불리는 1인 가구가 늘면서 편의점을 찾는 사람이 더욱 많아졌어. 혼자 사는 사람에게는 마트나 재래시장에서 판매하는 대용량 물건이 부담스럽거든. 사용하는 것보다는 상하거나 유통기한이 지나 버리는 경우가 많기 때문이야. 그런데 편의점에서는 소포장된 제품들을 파니 부담없이 사용할 만큼만 살 수 있었지.

편의점을 찾는 사람들이 늘자 편의점마다 단독 상품을 개발하기 시작했어. 학생과 젊은 사람들이 좋아하는 브랜드와 캐릭터를 이용해 만든 자체 상품인 PB(Private Brand) 상품을 전면에 내세웠지. PB 상품으로 가장 많이 나오는 건 간편하게 먹을 수 있는 도시락과 컵라면인데, 각 편의점 브랜드마다 PB 상품이 다양해 골라 먹는 재미가 있어.

편의점의 생활 서비스도 최근 인기 요소 중 하나야. 처방전 없이 살 수 있는 의약품을 편의점에서도 살 수 있게 됐거든. 약국이 문을 닫는 밤이나 휴일에도 소화제나 감기약을 살 수 있어 다행이라 생각하는 사람이 많아. 택배와 세탁물 서비스도 고객 편의를 위한 편의점 서비스야. 심지어 전기차 충전이 가능한 편의점도 있어.

만남의 장소로 변하는 카페형 편의점도 많아. 편의점에서 직접 구운 빵을 커피와 함께 먹을 수 있고, 즉석에서 튀겨 주는 치킨도 있지. 전용 커피 머신을 둔 편의점도 있어서 커피를 마시러 편의점을 찾는 사람들이 생길 정도야.

　편의점이 성장하면서 '얼리어먹터'라는 신조어도 생겼어. 얼리어먹터는 편의점에 새롭게 출시된 음식을 누구보다 빠르게 맛보고 자신의 SNS에 소개하는 사람들을 말해.

　이렇게 편의점이 변하는 이유는 오직 하나야. 고객들이 원하는 것을 필요한 때 제공하기 위해서지. 과거에는 편의점이 물건을 사기 위해 잠깐 들르는 곳이었다면, 지금은 머물면서 즐기는 곳으로 변하고 있단다.

　앞으로 편의점에 또 어떤 변화의 바람이 불까?

10가지 물건 속 세계사
편의점 톱 10

1판 1쇄 인쇄 | 2023. 3. 29.
1판 1쇄 발행 | 2023. 4. 6.

이은정 글 | 강영지 그림

발행처 김영사 | **발행인** 고세규
편집 김사랑 | **디자인** 홍윤정 | **마케팅** 서영호 | **홍보** 조은우 박다솔
등록번호 제 406-2003-036호 | **등록일자** 1979. 5. 17.
주소 경기도 파주시 문발로 197(우10881)
전화 마케팅부 031-955-3100 | 편집부 031-955-3113~20 | 팩스 031-955-3111

© 2023 이은정, 강영지
이 책의 저작권은 저자에게 있습니다. 저자와 출판사의 허락 없이 내용의 일부를 인용하거나 발췌하는 것을 금합니다.

값은 표지에 있습니다.
ISBN 978-89-349-4221-4 73900

좋은 독자가 좋은 책을 만듭니다. 김영사는 독자 여러분의 의견에 항상 귀 기울이고 있습니다.
전자우편 book@gimmyoung.com | 홈페이지 www.gimmyoungjr.com

어린이제품 안전특별법에 의한 표시사항

제품명 도서   제조년월일 2023년 4월 6일   제조사명 김영사   주소 10881 경기도 파주시 문발로 197
전화번호 031-955-3100   제조국명 대한민국   ⚠주의 책 모서리에 찍히거나 책장에 베이지 않게 조심하세요.